OS CONSELHOS EVANGÉLICOS NA ÓTICA DA COMUNICAÇÃO

Coleção Carisma e missão:

- *Comunicação e vida comunitária: aspectos psicossociais e possibilidades* – Pedro Romero
- *Os conselhos evangélicos na ótica da comunicação* – J. T. Puntel, A. Bestteti e F. Pratillo
- *Entre vós não seja assim: guia ao serviço de liderança* – Flávio Lorenzo Marchesini de Tomasi
- *Fraternidade a caminho: rumo à alteridade* – Amedeo Cencini
- *Integração comunitária do bem e do mal: "...como óleo perfumado"* – · Amedeo Cencini
- *O ministério da animação comunitária: a vida comunitária como profecia e missão* – Jaume Pujol i Bardolet
- *O respiro da vida: a graça da formação permanente* – Amedeo Cencini
- *Vida fraterna, comunhão de santos e pecadores: "...como o orvalho do Hermon..."* – Amedeo Cencini

J. T. Puntel
A. Bestteti
F. Pratillo

OS CONSELHOS EVANGÉLICOS NA ÓTICA DA COMUNICAÇÃO

Dados Internacionais de Catalogação na Publicação (CIP)
(Câmara Brasileira do Livro, SP, Brasil)

Puntel, Joana T.
  Os conselhos evangélicos na ótica da comunicação / J. T. Puntel,
A. Bestteti, F. Pratillo. – São Paulo : Paulinas, 2005. – (Coleção carisma
e missão)

  Bibliografia.
  ISBN 85-356-1525-3

  1. Castidade 2. Comunicação - Aspectos religiosos - Cristianismo
3. Conselhos evangélicos 4. Obediência - Aspectos religiosos -
Cristianismo 5. Pobreza - Aspectos religiosos - Cristianismo 6. Vida
religiosa e monástica I. Bestteti, A. II. Pratillo, F. III. Título. IV Série.

05-2270   CDD-248.894

Índice para catálogo sistemático:

1. Conselhos evangélicos : Via comunicativa : Vida consagrada religiosa :
Cristianismo   248.894

Título original da obra: *Diventare Gesù per comunicare Gesù:
i consigli evangelici nell'era della comunicazione.*
© Sepac, 2001

Direção-geral: *Flávia Reginatto*
Editora responsável: *Vera Ivanise Bombonatto*
Tradução: *José Afonso Beraldin*
Copidesque: *Anoar Jarbas Provenzi*
Coordenação de revisão: *Andréia Schweitzer*
Revisão: *Ana Cecilia Mari*
Direção de arte: *Irma Cipriani*
Gerente de produção: *Felício Calegaro Neto*
Capa: *Everson de Paula*
Editoração eletrônica: *Sandra Regina Santana*

---

*Nenhuma parte desta obra poderá ser reproduzida ou transmitida por
qualquer forma e/ou quaisquer meios (eletrônico ou mecânico,
incluindo fotocópia e gravação) ou arquivada em qualquer sistema ou
banco de dados sem permissão escrita da Editora. Direitos reservados.*

Paulinas

Rua Pedro de Toledo, 164
04039-000 – São Paulo – SP (Brasil)
Tel.: (11) 2125-3549 – Fax: (11) 2125-3548
http://www.paulinas.org.br – editora@paulinas.org.br
Telemarketing e SAC: 0800-7010081

© Pia Sociedade Filhas de São Paulo – São Paulo, 2005

INTRODUÇÃO

O conteúdo

Esta reflexão orante sobre os conselhos evangélicos de castidade, pobreza e obediência, em chave cristocêntrico-comunicativa, deseja contribuir para uma apaixonada busca e um novo rosto à vida consagrada na era da comunicação, no terceiro milênio. Conscientes da revolução comunicativa, que provoca profundas mudanças na forma de viver, de se relacionar e da radicalidade de vida evangélica à qual Jesus nos chama, acolhemos o convite do apóstolo Paulo — "lanço-me para a frente" — à escuta dos sinais dos tempos.

A inspiração central do trabalho encontra a sua fonte principal em pesquisas e aprofundamentos de estudiosos como A. Joos[1] com referência particular ao "aspecto cristonômico e comunicacional dos votos na sociedade do pós-moderno",[2] e implica uma consideração especial do hino cristológico (cf. Fl 2,6-11) relativo à *kénosis*. Texto muito atual na meditação cristã acerca do compromisso assumido.

---

[1] A. Joos é membro da Pontifícia Comissão para as Comunicações Sociais. Várias vezes prestou sua colaboração a congregações religiosas, em Roma, colocando à disposição seu conhecimento e sua experiência no campo da comunicação.

[2] A. Joos, "L'aspetto cristonomico e comunicazionale dei voti nella società del post-moderno", em *Relazioni per le Figlie di San Paolo* (Roma, 1999), p. 15.

Deixar-se transformar por Jesus para comunicar Jesus hoje: os conselhos evangélicos na era da comunicação coloca a vida consagrada na perspectiva da convergência entre a radicalidade evangélica e a inserção profética na cultura da comunicação. Nessa ótica, a *kénosis* de Jesus, segundo a perspectiva paulina de Fl 2,6-11, torna-se, hoje, mais do que nunca, a *via comunicativa* da vida consagrada, o estilo de vida necessário para viver e comunicar o Evangelho em tempos de pós-modernidade.

A dinâmica de humildade e serviço que brota da *kénosis* parece convergir com a dinâmica que emerge das urgências comunicativas do nosso tempo. De fato, de Jesus, Senhor e Mestre, aprendemos a lavar os pés da humanidade com os sentimentos de um Filho que ama até dar a sua vida para comunicar o amor do Pai. Da cultura da comunicação aprendemos a entender a importância que o *outro* tem na relação, pois o destinatário, de espectador, torna-se cada vez mais interlocutor, e a relação sempre mais interativa.

A atenção ao hoje, aos valores e desvalores presentes na sociedade globalizada, nasce da urgência de assumir os questionamentos profundos da humanidade através de um corajoso discernimento que o Evangelho nos pede, renovando a vida consagrada na cultura da comunicação, a fim de abrir os horizontes e aprofundar a identidade de consagrados para uma nova evangelização na era da comunicação.

A *estrutura* é como uma corrente com seis anéis, ligados entre si em seqüência, apresentando certo enfoque metodológico que interliga e integra as partes.

O *tema* se desdobra nos vários capítulos, e a leitura do primeiro está ligada ao segundo e assim por diante, seguindo uma ordem progressiva. Já os títulos dos capítulos, oferecem uma síntese geral dos trabalhos: "A vida consagrada — na era da comunicação — é um transformar-se em Jesus para comunicar Jesus *através de* um amor criativo, um sinal de esperança e uma resposta obediente".

Os seis capítulos são subdivididos em duas grandes partes. A *Parte I*, "A vida consagrada na via comunicativa dos conselhos evangélicos", focaliza a vida consagrada em geral e aborda o contexto atual, a cultura da comunicação, onde somos chamados a viver as exigências do seguimento, segundo a linha *kenótica* expressa em Fl 2,6-11.

A *Parte II* aprofunda "A dimensão comunitário-apostólica dos conselhos evangélicos". O trabalho foi uma pesquisa feita em conjunto num esforço de buscar a chave cristológico-comunicativa dos conselhos evangélicos, no desejo de projetar luzes para uma mudança, com algo mais profundo, belo, dinâmico e comunicativo.

A *metodologia* usada procura favorecer o aprofundamento e a assimilação do conteúdo. Em vista disso, o texto, as notas, as sínteses e as propostas para a reflexão pessoal e comunitária formam uma unidade. O texto usa linguagem meditativa que requer leitura lenta, até mesmo porque se volta, de forma progressiva e cíclica, sobre alguns fios condutores (por exemplo, o aspecto cristológico, relacional, comunicativo).

As notas são um suporte que explicita as fontes e estimula o aprofundamento. As sínteses ajudam a fixar o essencial. As propostas para a reflexão pessoal e comunitária pretendem favorecer a assimilação pessoal na oração e a partilha na troca comunitária.

No final de cada capítulo, além das fichas para reflexão pessoal e comunitária, encontramos uma página em branco denominada "espaço criativo". Trata-se de um espaço reservado às intuições, inspirações pessoais, recebidas na oração, na reflexão e significa que o trabalho permanece aberto à ação do Espírito e precisa da criatividade e do aprofundamento de cada religioso para atualizar, reavivar e contextualizar o carisma da própria congregação.

Esta reflexão sobre os conselhos evangélicos em chave cristológico-comunitária não tem a pretensão de esgotar o argumento, nem de entrar pelas vias teológicas da vida consagrada, mas quer ser um *input* para introduzir e impulsionar reflexões posteriores sobre a vida consagrada, vivida de forma contextualizada, isto é, na ótica da comunicação.

Os conselhos evangélicos na ótica da comunicação

A VIDA CONSAGRADA	**Vida consagrada** (enfoque geral)
NA ERA DA COMUNICAÇÃO	**...no contexto social** areópago da comunicação
É UM TORNAR-SE JESUS PARA COMUNICAR JESUS	**exigências do seguimento** enfoque paulino: viver e anunciar Jesus (linha *kenótica* – Fl 2)
ATRAVÉS DE: *UM AMOR CRIATIVO*	dimensão comunitário-apostólica do voto de **CASTIDADE**
UM SINAL DE ESPERANÇA	dimensão comunitário-apostólica do voto de **POBREZA**
UMA RESPOSTA OBEDIENTE	dimensão comunitário-apostólica do voto de **OBEDIÊNCIA**

PARTE I: A vida consagrada na via comunicativa dos conselhos evangélicos.
PARTE II: A dimensão comunitária-apostólica dos conselhos evangélicos.

Parte I

A VIDA CONSAGRADA NA VIA COMUNICATIVA DOS CONSELHOS EVANGÉLICOS

Parte I

A VIDA CONSAGRADA NA VIA
COMUNICATIVA DOS
CONSELHOS EVANGÉLICOS

O itinerário da Parte I desdobra-se em três capítulos. Com um olhar particular ao documento *Vida consagrada* (VC),[1] o Capítulo 1 apresenta o *sentido da vida consagrada*, a sua radicalidade evangélica e a sua beleza. Convida-nos a acolher este dom com esperança, colocando-nos à escuta do Espírito, o qual sempre abre perspectivas de futuro.

O Capítulo 2 nos introduz na *era da comunicação*, o contexto social onde a vida consagrada é chamada a anunciar o Evangelho.

O caminho a ser percorrido é-nos indicado por Paulo. O Capítulo 3, de fato, apresenta-nos a *via comunicativa* dos conselhos evangélicos na *kénosis* de um Deus que se abaixa até a cruz.

---

[1] João Paulo II, Exortação apostólica *Vita Consecrata* (1996). São Paulo, Paulinas, 1999; e a Congregação para os Institutos de Vida Consagrada. Instrução *Partir de Cristo* (2002). São Paulo, Paulinas, 2002.

Capítulo 1

A VIDA CONSAGRADA

A vida consagrada, como dom de Deus à sua Igreja por meio do Espírito, encontra a sua "visibilidade em meio ao mundo", no viver com qualidade os conselhos evangélicos. Eles constituem efetivamente um sinal constante da presença de Deus na história. Considerada como "um singular e fecundo aprofundamento da consagração batismal" (VC 1,20,30), a vida consagrada, através da profissão dos conselhos evangélicos, constitui-se em uma nova consagração que implica a aliança do batismo, vivido numa forma radical, buscando o único absoluto, que é Deus.

A consciência do valor e do significado do ser consagrados convida-nos a viver com radicalidade o seguimento de Jesus casto, pobre, obediente a fim continuarmos a sua missão no mundo. A vida consagrada, com efeito, é uma resposta de amor ao chamado de Deus e uma livre "seqüela de Jesus" para colocar-se, como ele, a serviço do Pai e de todos.

Percurso

1. O perfume da vida consagrada.
2. A radicalidade evangélica.
3. A beleza da relacionalidade.
4. A paixão pelo Evangelho.
5. Peregrinos da verdade na época pós-moderna.
6. Algumas "palavras" para dizer a vida consagrada no nosso tempo.

1.1. O perfume da vida consagrada

Voltar a Betânia seis dias antes da Páscoa representa para nós uma ocasião para poder compreender o misterioso sentido da vida consagrada.

Será justamente Maria, a irmã de Lázaro, quem tomará a iniciativa de derramar sobre os pés de Jesus uma libra de óleo perfumado, de nardo puro, muito precioso. E eis que na casa de Betânia espalha-se o perfume aromático e precioso do ungüento. Esse gesto de grande amor é imediatamente julgado e ficará para sempre incompreensível a muitos. Por que tanto desperdício? Sobretudo porque o valor correspondente em dinheiro poderia tornar-se uma boa soma a ser usada para ajudar os pobres (cf. Jo 12,1-7; VC 104).

"Deixem-na!", é a resposta de Jesus que atravessou a história.

O ungüento precioso derramado como puro ato de amor é, além de qualquer cálculo e utilidade, sinal de uma superabundância de gratuidade, de uma vida totalmente dedicada à pessoa de Jesus e à sua Igreja.

É exatamente desta vida, derramada sem retenção alguma, que se difunde um perfume que enche toda a casa. A casa de Deus, a Igreja e o mundo são hoje, não menos do que ontem, perfumados pela vida consagrada.

Talvez, porém, não seria um desperdício de energias humanas?

Sim, se avaliarmos as coisas e as pessoas segundo critérios de funcionalidade imediata. Essa perspectiva utilitarista sempre existiu a partir, precisamente, daqueles que estavam próximos a Jesus. A vida consagrada é uma vida derramada *sem retenções*. Aquilo que aos olhos dos seres humanos pode ser visto como um desperdício, para uma pessoa conquistada no segredo do coração pela beleza e pela misericórdia do Senhor Jesus, é uma resposta óbvia de amor. É exultante gratidão pela possibilidade de conhecer o Filho de uma forma especial. Um conhecimento que se faz partilha plena, livre "seqüela do Senhor Jesus".[1]

O Pai, através da vida consagrada, doa à Igreja e ao mundo a possibilidade de visualizar a mesma forma de vida de Jesus obediente, casto e pobre. É de vital importância adquirir maior consciência do significado que o nosso ser consagrados assume para os outros: somos memória vivente de Jesus.[2] Levaremos

---

[1] Cf. C. Macisse, "Propostas para o Sínodo dos Religiosos", em *A vida consagrada e sua missão na Igreja e no mundo* (Belo Horizonte, O Lutador, 1995), p. 6.

[2] Cf. V. Liberti, *Verso nuove relazioni della vita consagrata: sfide e speranze* (Roma, 1999), pp. 23-24.

ao novo milênio, com a Igreja e pelo mundo, "uma cristologia vivente", um novo capítulo de conhecimento prático de Jesus, graças a uma fidelidade radical ao Evangelho.[3]

1.2. A radicalidade evangélica

Uma vida radicalmente evangélica é uma vida inteira e incessantemente animada e motivada pelo Evangelho de Jesus. Jesus é a verdadeira radicalidade evangélica para todos os povos. O seu Evangelho pode ser vivido em qualquer cultura, porque em sua essência ele não é um sistema doutrinal e moral, mas a pessoa vivente de Jesus.[4] A mulher e o homem consagrados encontram nele a inspiração para entender e preservar a sua identidade evangélica. Identidade que nasce da relação vital e profunda com Jesus e que põe quem se encontra em seu caminho em comunicação com o próprio Jesus conhecido, amado, vivido. Por conseguinte, o caminho rumo a uma radicalidade evangélica corresponde ao caminho de busca da própria identidade num contínuo discernimento efetuado na presença do Senhor que se revela como amor; e o amor pressupõe o reconhecimento de um "tu".[5]

---

[3] Cf. J. C. R. García Paredes, *Teología de la Vida Religiosa* (Madrid, BAC, 2000), pp. 104-105.

[4] Cf. S. Silva, "Puede enriquecer-se la vida religiosa con la cultura moderna", em *Testimonio* (Santiago del Chile, Conferre, 1996), n. 157, p. 31.

[5] Cf. M. I. Rupnik, *O discernimento* (São Paulo, Paulinas, 2004), p. 14: "O discernimento é uma realidade relacional, como também o é a própria fé. A fé cristã é, de fato, uma realidade relacional".

Essa busca exige a atitude humana do interrogar-se: quem sou? De onde venho? Para onde vou? Que sentido tem aquilo que eu faço? Quem é o outro para mim? A vida, sobretudo a vida consagrada, é um serviço ao esplendor da verdade buscada, amada e anunciada. Verdade que implica a capacidade de interrogar-se e a atitude de deixar-se interpelar pela vida, pelos outros, pelos acontecimentos, pela Palavra. É cansativo e doloroso interrogar-se e pensar, mas é necessário para alcançar aquela atenção e aquela presença a si mesmos, próprias das pessoas evangélicas. A vida consagrada não nos separa da humanidade; pelo contrário, torna possíveis e profundos os relacionamentos com todos e com o universo. A paixão de ser com Jesus, de pertencer a Ele, de tornar-se como Ele nos conduz a uma profunda solidariedade com todos, sobretudo com os últimos. Jesus nos envia a servir, nos transforma em pessoas enamoradas da vida e nos doa a grande alegria de doá-la aos outros.

Escolher uma vida radicalmente evangélica significa escolher *professar o Amor*. É este mistério que dá sentido à vida, a transforma, a faz sempre nova, imprevisível, genial, fecunda.

Anunciando a alegre notícia, a vida consagrada promove a civilização da paz e do amor, capaz de comunicar a certeza da presença fiel de Deus na história e na vida de cada pessoa.

Mas tudo passa através da alegria de um coração consagrado que encontra em Deus o fundamento da sua existência e a fonte inexaurível do seu futuro. O mundo, hoje mais do que nunca, tem necessidade de esperar um futuro de amor.[6]

1.3. A beleza da relacionalidade

O futuro está no amor e o amor reside na capacidade de entrar em relação com um tu. O entrar em relação com Deus, com o outro e consigo mesmo, num movimento circular e comunicativo, constitui a essência do seguimento de Jesus. A radicalidade evangélica é possível somente a um coração capaz de amar e de entrar em relação profunda com tudo o que vive. A vida consagrada será santa, casta e obediente se mostrar sua radicalidade evangélica, de forma clara e visível. Será assim se a profissão dos conselhos evangélicos for sinal tangível do Cristo livre, amante, ligado à vontade do Pai, apaixonado por um grande amor por toda criatura.[7]

Ser pessoas consagradas significa também ser pessoas convocadas a partilhar a existência cotidiana em uma *convergência dos "sim"* a Deus em uma mesma comunidade de vida. Mais do que nunca hoje é urgente redescobrir a beleza da relacionalidade como autêntico seguimento de Jesus casto, pobre e obediente, na fraternidade. A convergência do sim na obediência, a partilha dos bens da vida na pobreza, o crescimento

---

[6] Cf. M. Farina, "Il Sinodo, una ricomprensione al femminile", em *Testimoni e profeti* (suplemento de *Consacrazione e servizio*, Roma, USMI, 1995), n. 2, pp. 45-55.

[7] Cf. F. Scalia, "Pastorale vocazionale: interrogativi scomodi", em *Vita consacrata* (Milano, Ancora, 2000), n. 5, p. 464.

comunitário na capacidade de amar através de uma castidade libertadora fazem da vida consagrada um forte testemunho do amor de Deus Pai, Filho e Espírito Santo. Somente em um tecido relacional a vida consagrada tornará visível o rosto amante de Deus. Esse amor universal e desinteressado, livre e libertador, tão necessário para a missão, é cultivado e cresce através da vida relacional.[8]

O futuro e a renovação da vida consagrada e eclesial está na qualidade das relações e da vida. É necessário suscitar, no hoje, formas comunitárias de experiência evangélica que sejam sempre restauradas por uma fraternidade efetiva e afetiva. A comunidade é o primeiro lugar da missão.[9] Lugar no qual o sinal da comunhão é o sinal mais alto que a Igreja pode oferecer ao mundo pós-moderno, também através da vida consagrada.[10] Se o elemento central para a vida religiosa é o seguimento de Cristo, o coração desse seguimento é a relacionalidade, a vida comunitária.[11]

O amor recíproco vivido com radicalidade evangélica é a presença mais transparente e a que mais interpela e induz a crer.[12] Talvez se esteja abrindo uma

---

[8] Cf. *Vida fraterna em comunidade*, nn. 43-44.

[9] Cf. J. Rovira, "Ripensare la vita consacrata com i giovani religiosi", em *Testimoni* (Santiago del Chile, Conferre, 1999), n. 1, p. 27.

[10] Cf. *Vita consecrata*, n. 72.

[11] Cf. S. M. Alonso, *L'utopia della vita religiosa. Riflessioni alla luce della fede* (Milano, Paoline, 1986), p. 35.

[12] Cf. Sinodo dei Vescovi, *Seconda assemblea speciale per l'Europa. Gesù Cristo vivente nella sua Chiesa, sorgente di speranza per l'Europa, Instrumentum laboris* (Città del Vaticano, 1999), n. 45.

nova era na história da vida consagrada, na qual se faz particularmente viva a consciência do forte valor missionário da vida fraterna.[13] O tecido das relações familiares e sociais está, mais do que nunca, danificado e corroído, mas é justamente no hoje da nossa história que a humanidade e a própria Igreja invocam o testemunho de comunidades nas quais a atenção recíproca ajude a superar a solidão, a comunicação impulsione a sentir-se co-responsáveis, o perdão cicatrize as feridas e a alegria abra para a esperança.

1.4. A paixão pelo Evangelho

No coração da única missão da Igreja os religiosos e as religiosas descobrem que a fidelidade ao passado e ao presente da missão pede à vida consagrada o estímulo profético. O primeiro requisito para poder sê-lo consiste não em fazer alguma coisa de especial, mas em viver fazendo do Cristo o todo da própria existência e dedicando-se totalmente à missão.[14]

A pessoa consagrada encontra-se em missão em virtude da sua própria consagração, a qual hoje impele para um mundo que procura, com intensidade sempre maior, uma expressão religiosa que dê sentido à vida (cf. 2Cor 5,14). Somente um amor apaixonado pelo Senhor Jesus põe os consagrados nas estradas do mundo, entre as pessoas de cada povo e cultura, a fim de anunciar quão necessário é encontrar Aquele que a

---

[13] Cf. *Vita consecrata*, n. 45; *Vida fraterna em comunidade*, n. 10.

[14] Cf. *Vita consecrata*, n. 72.

todos oferece um caminho para alcançar a vida verdadeira.[15] O olhar fixo no rosto amoroso do Senhor reforça nas' pessoas consagradas o empenho pelo ser humano de todos os tempos.

A busca da beleza divina impele a preocupar-se com a imagem divina deformada no rosto dos irmãos e irmãs, rostos desfigurados, desiludidos pelas promessas políticas vazias, assustados pela violência cotidiana, desprezados, cansados, humilhados, confusos, desorientados, sem sentido e sem a alegria de viver.[16]

É preciso reacender no coração o ímpeto missionário das origens, deixando-se aferrar pelos sentimentos ardentes do apóstolo Paulo: "Ai de mim se eu não evangelizar" (1Cor 9,16). Quem encontrou realmente Jesus não pode guardá-lo só para si; deve anunciá-lo.[17] A prioridade da vida consagrada e da própria Igreja, no início deste novo milênio, no contexto da globalização, é mais do que nunca o anúncio salvífico da Palavra de Jesus, da sua vida, do seu amor, da sua morte e da sua ressurreição.

O elemento decisivo na evangelização é a comunicação, aliás, a evangelização é comunicação,[18] segundo o princípio da própria encarnação de Jesus na história.[19]

---

[15] Cf. Idem, n. 75.

[16] Idem, ibidem, nn. 75-76.

[17] Cf. *Novo millennio ineunte*, n. 40.

[18] Cf. *A comunicação social na America Latina* (Puebla, México, 1979), n. 1.

[19] Cf. *La Chiesa locale e la comunicazione* (Quarto Sínodo da Arquidiocese de Manila, Atos e Estatutos, 1979), n. 2: "O princípio da Encarnação".

De fato, é importante não somente a experiência pessoal do Senhor Jesus, mas também a sua transmissão e comunicação.

Todavia, onde acontece hoje essa comunicação? Num mundo e numa cultura que geram um sistema totalmente novo de viver a vida e que podemos definir como "rede". A percepção do mundo vivente como uma *rede de relações* é decisiva para a missão da vida consagrada. A compreensão da realidade da nossa vida, como uma rede, muda a cultura do mundo. Na rede, não há partes mais importantes: aquilo que permanece fundamental é a inter-relação. A missão do futuro que vem ao nosso encontro está no diálogo com os outros, homens e mulheres, de todas as culturas, línguas e religiões. A vida consagrada se torna *serva apaixonada da Palavra na rede do diálogo*. Serva atenta às palavras ouvidas dos outros, serva acolhedora que pronuncia a Palavra com humildade e amor. Pretende não converter mas caminhar unida aos outros, consciente de que o principal protagonista da missão é a Palavra interior, que só o Espírito pronuncia.[20]

1.5. Peregrinos da verdade na época pós-moderna

Numa época nova, que apresenta fenômenos novos e que coloca à Igreja e à vida consagrada pro-

---

[20] Cf. J. C. R. García Paredes, *Teología de la Vida Religiosa*, cit., pp. 178-187.

blemas novos,[21] é necessário mais do que nunca *a atitude humilde da escuta e da busca*. Possibilidades inesperadas devem ser descobertas com inteligência e discernimento espiritual para que possam ser desfrutadas com grande empenho e profecia. Sem discernimento até as realidades mais santas podem ser ilusão e engano, inclusive a caridade.[22]

Estamos na vigília de uma nova fase não só da cultura, mas também da vida consagrada. Essa passagem requer um novo começo, uma refundação. Será preciso, portanto, a coragem de atravessar o hoje como profetas, como peregrinos da verdade.[23] Tudo isso pressupõe o saber contemplar Deus, o ver Deus, o escutar Deus, o viver de Deus (cf. At 22,14-16).

O religioso é profeta à medida que se torna Jesus, o segue sempre e em todo lugar, na doçura do seu ensinamento como na dureza da cruz.[24] Todos os consagrados são chamados a dar, com o exemplo da vida, um sinal do advento do Reino de Deus. Precisamente através do testemunho radical de um amor misericordioso e libertador, a vida dos consagrados torna-se um eloqüente sím-

---

[21] Cf. S. M. Schneiders, *Finding the treasure – Locating catholic religious life in new ecclesial and cultural context* (New Jersey, 2000), pp. 99-119, 192-197: "A desconstrução da imagem de Deus é uma passagem natural na vida espiritual [...]. O ponto de interseção mais intensamente doloroso entre a sensibilidade pós-moderna e a fé religiosa é a imagem de Deus".

[22] Cf. M. I. Rupnik, *O discernimento* (São Paulo, Paulinas, 2004), p. 34.

[23] Cf. B. Secondin, "Vita consacrata postmoderna", intervenção em *La vita consacrata nella postmodernità* (Roma, Rogate, 1994), p. 63.

[24] Cf. Mc 8,34; Hb 12,2; 13,3; E. Bianchi, "Il consacrato profeta di fede", em *La vita consacrata nella postmodernità* (Roma, Rogate, 1994), pp. 80-81.

bolo do Deus vivente e presente. Remetendo-se a Deus, por meio da contemplação e do serviço, a vida consagrada coopera para a transformação da sociedade e do mundo.[25] Ir ao encontro do mundo é uma realidade em contínua evolução e que nestes tempos, em diversos modos e em diversos lugares, provoca a vida consagrada e exige respostas adequadas e eficazes.

Nessa perspectiva, os religiosos e religiosas, como apóstolos consagrados, têm a missão de descobrir os sinais dos tempos e em que ambientes a vida consagrada pode comunicar Cristo, Caminho, Verdade e Vida hoje, neste novo cenário da história. Uma comunicação que não somente anuncia a salvação, mas que a confere, sendo "força de Deus para a salvação de todo aquele que crê" (Rm 1,16). Todos sentimo-nos, portanto, solicitados pelo Espírito a uma dupla mudança: um retorno radical ao Mestre e Senhor da vida e uma mudança radical de mentalidade para responder, com nova criatividade, aos desafios e às oportunidades que a cultura da comunicação abre ao Evangelho.

Cultura que deverá ser vivida no feminino,[26] no empenho de colaborar com a Igreja para que ela faça resplandecer no mundo a beleza[27] do Cristo. Em Jesus

---

[25] Cf. Cf. C. Macisse, "Propostas para o Sínodo dos Religiosos", em *A vida consagrada e sua missão na Igreja e no mundo*, cit., pp. 41-43.

[26] Cf. G. P. de Nicola, "Modalità femminili di rispondere alle sfide della postmodernità", em *La vita consacrata nella postmodernità* (Roma, Rogate, 1994), p. 185.

[27] Cf. *Vita consecrata*, nn. 41, 66, 75, 104, 111: "Num certo sentido, no documento *Vita consecrata* é mesmo a categoria da Beleza que constitui novidade. João Paulo II fala da vida consagrada usando a categoria da beleza, a *via pulchritudinis*, a 'via estética'".

recebemos o direito de olhar para a história com esperança. E é a esperança que abre os nossos corações, que nos dá a alegria de saber que com o nosso serviço, ainda que pequeno, torna possível um novo futuro.[28]

1.6. Algumas "palavras" para expressar a vida consagrada no nosso tempo

Beleza e gratuidade

A casa de Betânia sem a beleza da vida consagrada, sem o perfume que dela emana, perderia em sentido e atração. Quando se trata de responder à pergunta sobre o porquê da vida consagrada e de dar razão à sua atualidade, a resposta é modulada com base na página evangélica da unção de Betânia (cf. Jo 12,1), na qual o gesto de Maria que unge os pés de Jesus com um ungüento precioso aparece como "sinal de uma superabundância de gratuidade". A beleza sob a forma da gratuidade, da superabundância e quase do desperdício coloca no centro de tudo Deus e seu Filho Jesus, que o revelou.

É necessário *partir* da beleza, que é, acima de tudo, beleza da experiência de Deus e refração da mesma na história dos seres humanos. A vida consagrada é, acima de tudo, bela e rica de fascínio, surpreendente, apaixonante, e a sua presença na Igreja e no mundo deveria levar todos a perceberem que aquilo que pertence à ordem do gratuito é, na realidade, mais

---

[28] Cf. M. Vecchiato, "Eucaristia: chiamata ad un servizio radicale", em *Consacrazione e servizio* (Roma, USMI, 2000), n. 5, pp. 20-21.

do que necessário, até resultar determinante. Se de um ponto de vista utilitarista e mercantilista a vida consagrada não serve para nada, ela, no entanto, exatamente por isso, tem condições de responder a qualquer pretensão de medir a existência com critérios comerciais, com critérios de pura aparência ou de eficiência. Só através da linguagem comunicativa de uma existência transfigurada, onde ressaltam a beleza e a gratuidade, é possível tornar visível o primado de Deus.

Relacionalidade e ternura

A ternura ajudará o mundo contemporâneo a assumir um rosto diferente nas relações. Essa é uma característica feminina à qual a mulher consagrada não é obrigada a renunciar. Os sinais da ternura que fluem da sensibilidade da mulher consagrada são simbolizados pela atitude de Maria de Betânia: gratuidade, liberdade, simplicidade, experiência de amor dado e recebido e de fidelidade na amizade. Deixando-se tocar pela ternura, pela mansidão e pela compaixão de Jesus, a mulher consagrada pode viver um estilo de relação que prefere e escolhe: a atenção profunda ao invés da indiferença, a solidariedade ao invés do individualismo, o perdão ao invés da violência, palavras delicadas ao invés de palavras duras. Essa dimensão abraça toda a existência: espiritualidade e corporeidade. O futuro das relações humanas é confiado à capacidade salvífica e purificadora da ternura.[29]

---

[29] Cf. A. Arguso, "La tenerezza salverá il mondo", em *Consacrazione e servizio* (Roma, USMI, 2000), n. 11, pp. 32-38.

Renovação e futuro da vida consagrada

Somos inexoravelmente as últimas testemunhas de um certo modo de viver a vida consagrada[30] e, para que haja futuro, a *mudança* deverá ser, sobretudo:

1. *qualitativa*, visando ao essencial, uma experiência de Deus autêntica e profunda, partilhável com as pessoas do nosso tempo;

2. *intensivo-comunitária*, indo em profundidade no caminho do discipulado para manifestar e comunicar que também hoje e, não obstante tudo, é possível realizar de forma comunitária um testemunho de Cristo alegre e ao mesmo tempo radical;

3. *vital*, sendo a vida consagrada acima de tudo vida; vida em plenitude, vida liberta, vida salva, vida criativa, vida profunda e feliz.[31]

Terá chegado o momento de uma vida religiosa qualitativamente superior, mas quantitativamente minoritária? Estamos indo rumo a formas de consagração mais autênticas e mais verdadeiras que, para se manterem de acordo com a imagem evangélica, serão sempre menos massa e sempre mais fermento.[32]

---

[30] Parafraseando J. M. R. Tillard, *Siamo gli ultimi cristiani? Lettera ai cristiani del duemila* (Brescia, Queriniana, 1999), p. 17: "Uma coisa é certa: somos inexoravelmente as últimas testemunhas de um certo modo de ser cristãos, católicos".

[31] Cf. J. Sobrino, "Vita religiosa", em C. Floristán e J.-J. Tamayo (eds.), *Concetti fondamentali del cristianesimo* (Roma, 1998), v. 3, p. 1.417.

[32] Cf. B. Sorge, "I segni dei tempi nuovi", em A. Ugenti (ed.), *Dialoghi sulla vita consacrata* (Casale Monferrato, Piemme, 1992), pp. 105-106.

Assim como todos os organismos estão submetidos a um processo vital, da mesma forma as congregações religiosas estão submetidas a ciclos vitais. Existem momentos, os momentos iniciais, em que há um grande esforço de adaptação e de conexão com o ambiente e com a cultura do tempo. Depois, lentamente, com o passar do tempo, perde-se um pouco a conexão entre uma determinada sociedade e as próprias formas de vida religiosa. Nesses momentos torna-se de vital importância uma renovação, uma refundação. Esse é um dom particular do Espírito, um dom a se invocar e suplicar.[33]

A vida consagrada, que neste tempo está fazendo frente a desafios difíceis e insidiosos, possui em seu "DNA constitutivo" uma inata capacidade de futuro. O Evangelho, para ser anunciado, terá sempre necessidade de homens e mulheres que se coloquem na Igreja e diante do mundo como "querigma existencial", a fim de dizer com a vida que Deus preenche o coração, que o Espírito sabe criar laços de comunhão autêntica entre pessoas diferentes e que Jesus oferece, a quem o acolhe e o escolhe com totalidade e radicalidade de dedicação, razões para viver e apaixonar-se pela vida de cada pessoa.[34]

---

[33] Cf. J. C. R. García Paredes, *Teología de la Vida Religiosa*, cit., pp. 233-235.

[34] Cf. J. M. Tillard, "La vita religiosa nella Chiesa. Sintesi teologica", em *Claretianum* 26 (1986), p. 188.

Em síntese

1. A consciência do significado do nosso ser consagrados expressa-se em:

- uma resposta de amor a um chamado;
- um livre *seguimento de Jesus*;
- um "estar com Ele e colocar-se, como Ele, a serviço de Deus e dos irmãos" (VC 1).

2. A vida consagrada é *radicalidade evangélica*; a mulher e o homem consagrados vivem a sua identidade na relação vital e profunda com Jesus e revelam o seu rosto ao mundo.

3. A comunidade é o primeiro lugar da missão. Se o elemento mais central para a vida religiosa é o seguimento de Cristo, o coração desse seguimento é a *relacionalidade*, a vida comunitária. Por essa razão, é preciso:

- redescobrir a beleza da relacionalidade como autêntica seqüela de Jesus casto, pobre e obediente na fraternidade;
- viver uma convergência dos "sim" a Deus, na vivência cotidiana, numa mesma comunidade de vida;
- tornar visível o rosto amante, misericordioso, livre e libertador de Deus, que somos chamados a comunicar na missão.

4. É preciso reacender no coração o *ardor missionário* das origens, deixando-se prender pelos sen-

timentos do apóstolo Paulo: "Ai de mim se eu não evangelizar" (cf. 1Cor 9,16). Com efeito, quem encontra realmente Jesus, como Paulo, não pode guardá-lo só para si; deve anunciá-lo (cf. *Novo millennio ineunte*, n. 40). A vida consagrada se faz serva acolhedora da Palavra e a comunica com humildade e amor.

5. A época nova da humanidade, que apresenta fenômenos novos, pede à Igreja e aos consagrados que continuem a ser *peregrinos da verdade*. Trata-se de uma passagem importante que exige da vida consagrada um novo começo, a coragem de atravessar o hoje como profetas. Tudo isso pressupõe o discernimento, o saber contemplar Deus e o tornar-se um eloqüente símbolo do Deus vivo e presente nas várias transformações da sociedade e do mundo. Como apóstolos consagrados, somos chamados a descobrir os sinais dos tempos e de que modo a vida consagrada pode comunicar Cristo Caminho, Verdade e Vida.

6. *Palavras para expressar a vida consagrada no nosso tempo*: beleza e gratuidade; relacionalidade e ternura; renovação e futuro.

Para a reflexão pessoal

✓ Releio o texto com atenção, em atitude de oração: enumero os *pontos principais* que me convidam a uma *avaliação pessoal* e a "dar um passo à frente" na vivência de minha vida consagrada com mais radicalidade evangélica.

✓ Procuro *descobrir as motivações* que estão na base dos meus desejos rumo a um novo seguimento de Jesus: mais radical, mais qualitativo, mais profético como "peregrinos da verdade", em comunidade e na vida apostólica. E identifico quais são as motivações que me impedem a uma qualidade de vida mais profunda: medos, oração fraca, falta de conhecimento sobre a atualização da vida consagrada (documentos da Igreja, orientações da congregação).

✓ Concluo confiando as minhas descobertas a Jesus Mestre.

Em comunidade

✓ Partilhemos as reflexões individuais e os apelos do Senhor num encontro comunitário organizado para esse fim.

✓ Identifiquemos e decidamos comunitariamente qual é *o salto de qualidade* a ser dado ou sobre quais *aspectos de nossa vida consagrada* o Senhor nos chama à conversão para viver, com maior consciência, a resposta de amor a um chamado num livre "seguimento de Jesus", como mulheres e homens consagrados na Igreja e na sociedade onde realizamos a missão.

✓ No final do encontro, assumamos um compromisso e determinemos um tempo para a avaliação.

Espaço criativo

O espaço em branco a seguir é símbolo daquele espaço novo que se está abrindo na nossa vida. Deixe que a sua fantasia se exprima com criatividade. Se quiser, pode usá-lo para a sua reflexão, para as suas idéias novas.

Capítulo 2

NA ERA DA COMUNICAÇÃO

Nesta sociedade que a Igreja define como "areópago da comunicação" (RM 37), as pessoas consagradas são chamadas a viver os conselhos evangélicos desenvolvendo a missão específica do instituto (cf. VC 99).

Para quem atua neste contexto, a cultura da comunicação é o âmbito privilegiado da evangelização. Em resposta aos apelos da Igreja os religiosos são solicitados a olhar para a história e a colocar a atenção no caminho da humanidade para comunicar a Verdade de Jesus, abertos à evolução das tecnologias e das linguagens comunicativas.

Viver o seguimento de Jesus hoje, mais do que nunca, implica "descer" na *kénosis* do Mestre para humanizar e vivificar a cultura atual. Para isso, é importante *conhecer as mutações principais do cenário comunicativo* onde os comunicadores são chamados a contribuir para o "diálogo entre fé e cultura".

Percurso

1. Na cultura.
2. Da comunicação global.
3. A globalização planetária.
4. A vida consagrada na cultura da comunicação global.
5. Pessoas consagradas para o Evangelho na cultura da comunicação global.

2.1. Na cultura

Viver a vida no seguimento de Jesus implica um profundo processo de inculturação seja para a Igreja, seja para a vida consagrada. Jesus ofereceu-se a si mesmo para comunicar vida; da mesma forma, o autêntico discípulo de Cristo descerá na *kénosis* do seu Mestre para humanizar e vivificar a cultura pós-moderna.[1] Mas por que é necessário falar de cultura? A cultura é entendida como aquele dinamismo fundamental através do qual *a humanidade se exprime* social, econômica, política, internacionalmente. Desde sempre as pessoas cultivam-se a si mesmas em diversos modos: no plano físico, psíquico e espiritual, na vida privada e pública.[2] Aquilo que hoje parece novo é a percepção da cultura como uma realidade antropológica.

---

[1] Cf. C. Macisse, "Propostas para o Sínodo dos Religiosos", em *A vida consagrada e sua missão na Igreja e no mundo*", cit., n. 40.

[2] Cf. S. Babolin, *Produzione di senso – Filosofia della cultura* (Roma, Gregoriana, 1992), p. 5.

O ser humano, exprimindo a si mesmo, cultivando a sua existência, buscando um sentido para o seu viver, produz cultura.

O fenômeno humano da cultura é, em outras palavras, o fenômeno relativo à produção de sentido. O ser humano não pode viver sem produzir sentido e significado. Ele sempre construirá para si aquele universo que se torna o seu mundo, ao qual ele sempre se referirá no falar e no pensar, no agir e no produzir, em todos os níveis. Produzir sentido, produzir cultura, significa também cultivar a personalidade.

A cultura é um sistema de expressão e de comunicação da própria vida humana. Ela vai além de cada uma das culturas, aliás, constitui a base e o fundamento das mesmas. Hoje estamos imersos "na era da comunicação global",[3] ou seja, somos imersos num modo inédito de viver e de se exprimir (cultura). Este modo *nasce do próprio fato de que existem novos modos de comunicar*, com novas linguagens, novas técnicas e novas atitudes psicológicas.[4]

2.2. Da comunicação global

Em que sentido se fala da comunicação como de uma cultura? Se a cultura é um modo de o ser humano exprimir-se, a cultura da comunicação é um modo de

---

[3] Cf. João Paulo II, Tema da XXXV Jornada Mundial das Comunicações Sociais: *"Anunciai-o do cimo dos telhados: o Evangelho na era da comunicação global"* (27 de maio de 2001).

[4] Cf. *Redemptoris missio*, n. 37.

ser, um estilo de vida gerado e vivente na comunicação.[5] Ao longo do tempo, a comunicação como fenômeno social sofreu *grandes transformações*. Em cada transformação ela foi produtora de uma nova cultura (cultura oral, da escritura, dos *mass media*, global).

Na cultura global nasce *uma nova pessoa*, um novo modo de pensar e um novo modo de sentir, de usar a fantasia e a inteligência, uma nova relacionalidade, uma nova interação com o mundo e com a realidade do cotidiano.[6] Mas que tipo de pessoa está nascendo na cultura da comunicação global?[7] Com quem somos chamados a entrar em diálogo para poder caminhar juntos e juntos buscar Deus?

O homem e a mulher do terceiro milênio são pessoas singulares na história da humanidade.[8] Pessoas que vivem as diversas dimensões da vida de modos diferentes: como o espaço e o tempo, a realidade e a verdade, a memória, o fingimento e o saber, os critérios do bem e do mal, as escolhas éticas, as agregações, a iniciação à vida social, a vida política e econômica, a arte e a ciência, o relacionamento pedagógico, a identidade. Nasceram precisamente novos. A fantasia, as imaginações, as linguagens novas estão em contínua e rápida evolução.

---

[5] Cf. J. T. Puntel, *Comunicação como cultura* (Roma, SICOM-FSP), n. 5, pp. 8-10.

[6] Cf. J. T. Puntel, *Comunicação global* (Roma, SICOM-FSP), n. 3, pp. 3-7.

[7] Cf. S. Sassi, "Vita consacrata e nuove tecnologie comunicative", em *Comunicazione e vita consacrata* – suplemento de *Consacrazione e servizio* (Roma, USMI, 1995), n. 10, pp. 91-99.

[8] Cf. *Ecclesia in Africa*, n. 71: "universo cultural novo".

A cultura da comunicação nasceu quando na história foi introduzido o uso dos instrumentos da comunicação social.[9] Mas como chegamos à cultura da comunicação global?

No início, os instrumentos da comunicação social foram percebidos como sendo negativos. Ao longo do caminho a compreensão eclesial dos mesmos foi modificando-se, sobretudo nestes últimos dois séculos: primeiro eles eram vistos como inimigos da fé, depois ocasião de pecado,[10] canais neutros pelos quais fazer passar o bem para combater o mal, meios bons, dons de Deus para o bem da humanidade, instrumentos de pregação, meios para todo o processo de evangelização,[11] fenômeno humano de dimensões universais com linguagens originais a serem aprendidas para poder nelas traduzir a mensagem cristã, âmbito específico do empenho pastoral, característica de todo âmbito da pastoral, e enfim cultura e civilização original e inédita.[12]

Hoje a comunicação assemelha-se a um novo mundo descoberto na sua globalidade, que requer um profundo processo de inculturação, como se houvesse sido descoberta pela primeira vez uma população, num lugar remoto de uma floresta fechada.[13]

---

[9] Idem, ibidem, n. 71.

[10] Cf. *Vigilanti cura* (Pio XI – 1936), *I discorsi sul film ideale* (Pio XII – 1955), *Miranda prorsus* (Pio XII – 1957), *Boni pastoris* (João XXIII – 1959).

[11] Cf. *Inter mirifica* (1963), nn. 3 e 13.

[12] Cf. *Communio et progressio* (1971), n. 181; *Redemptoris missio*, n. 37.

[13] Cf. S. Sassi, "Vita consacrata e nuove tecnologie comunicative", cit., pp. 94-99.

É necessário inserir-se, inculturar-se numa nova cultura que abrange o mundo e a história caracterizada por uma idéia diferente do uso do tempo e do espaço. A atenção à mensagem comunicada foi superada pela atenção à possibilidade criativa, por parte do destinatário, de elaborar os dados. A comunicação interativa gerada pela multimedialidade mudou os métodos de trabalho, a forma de produzir e receber uma mensagem. Cada vez mais é a pessoa que escolhe e que se envolve de uma forma total. O projeto do comunicar será sempre mais vinculado às escolhas da pessoa, além da disponibilidade dos dados. A capacidade de pensar e de refletir será completada pela capacidade de vibrar e de sentir, própria das emoções e dos sentimentos. O rigor do intelecto se confrontará com a fantasia do imaginário.

2.3. A globalização planetária

Não há dúvida de que o componente mais novo e determinante da civilização moderna é a sua globalização planetária. Trata-se sempre de uma realidade ambivalente: fenômeno novo que pode determinar graves conseqüências e, ao mesmo tempo, reservar aspectos inéditos e positivos para a humanidade inteira:[14] A comunicação certamente tem um papel central para a globalização, porque representa para ela, ao mesmo tempo, a causa e a conseqüência:

---

[14] Cf. C. Rubbia, "Scienza 'modesta' per il primo mondo della globalità", em *Il Sole – 24 ore* (Duemila, 17.11.1999), p. 1; "Il rapporto ONU sullo sviluppo umano" (publicado em 12.7.1999), citado em AA.VV., *Quale Globalizzazione?* (Roma, Las, 2000), p. 11.

Causa, porque a inovação das tecnologias de comunicação contribuiu, de modo determinante, para gerar um regime de interdependência planetária. Conseqüência, porque disso nasceram empresas de comunicação de formato mundial.[15]

A cultura da comunicação está criando para o homem e para a mulher de hoje uma sociedade global, está globalizando o mundo; e assim tudo aquilo que é local, regional, nacional e continental tem a influência dos movimentos da sociedade global em plena expansão. Com efeito, o contato direto entre populações de diferentes culturas e estratos sociais que anula as distâncias espaço-temporais devido aos meios de comunicação — tais como o telefone, o celular, o computador, a internet, a TV via satélite, que tornam o mundo uma "aldeia global" — leva a *uma unificação universal dos estilos de vida*, de cada um dos habitantes dos pólos opostos do globo. O mundo é assim interligado e não há mais distância intransponível. Hoje, através de uma rede de comunicação, pode-se viver ao mesmo tempo em qualquer parte do mundo.[16] É como se a história começasse de novo.

A sociedade global desenvolve outros e novos modos de ser, de viver, de trabalhar, de agir, de sentir, de pensar, de sonhar, de imaginar. Muda o horizonte histórico e tudo assume um significado diferente. Mais

---

[15] Cf. M. Morcellini, "La comunicazione nella società globale", em *La sociologia e la ricerca sociale*, cit., pp. 378.

[16] Cf. G. Mura, "Processo de mondializzazione e pluralismo culturale", em AA.VV., *Quale globalizzazione?*, cit., pp. 111-120.

do que nunca no futuro será necessário buscar o equilíbrio dinâmico entre cultura global e culturas locais,[17] entre o universal e o particular, entre o grande e o pequeno, entre inculturação e interculturalidade.

As economias dos diversos países integram-se num sistema global através de processos de interdependência e mundialização num grande sistema informático tecnologicamente muito avançado. Isso certamente leva a soluções interessantes, mas gera também novos problemas para os mais fracos.

Os países desenvolvidos são considerados como núcleos difusores de cultura, e o restante do mundo desloca-se em zonas muito periféricas. Unificam-se os modos de viver, os símbolos culturais, os produtos econômicos. Destroem-se as raízes nacionais e das culturas locais. No entanto, a verdadeira riqueza de um País é o ser humano, a sua inteligência, criatividade, capacidade de assimilar, de transmitir e de renovar os conhecimentos e as tradições do seu povo. Mas talvez já esteja nascendo o corretivo histórico graças à crescente mentalidade pós-moderna, segundo a qual vai se debilitando o conceito de "centro", até a ponto de se dizer que caminhamos para um mundo sem centro, sem grandes mitos, ideologias e religiões universais, rumo a um mundo que se dilui numa fragmentação pós-moderna. A mundialização da cultura exige um novo humanismo que promova os grandes valores da pessoa humana nesta fase de

---

[17] Cf. D. Crane, *The production of culture. Media and the urban arts* (California, Newbury Park, 1992), pp. 207-209.

grande transformação.[18] Pela primeira vez na história a grande família humana, no seu conjunto, é chamada a tomar nas próprias mãos o próprio futuro, e a construir conscientemente um mundo novo digno do ser humano e de todos os povos. A cultura do futuro será aquela que o homem construirá com as próprias mãos, partindo das próprias convicções e criações.[19]

2.4. A vida consagrada na cultura da comunicação global

O processo que está globalizando o mundo oferece à Igreja uma ocasião propícia para ser aquilo que ela é chamada a ser e a converter-se sempre mais em sacramento de Jesus "luz do mundo". Enquanto de um lado a globalização tende a manter os fracos e os pobres fora do grande movimento econômico, de outro, a Igreja não pode aceitar a riqueza como centro, nem o mercado livre como dogma. A missão da Igreja – através das relações entre a Igreja global e as Igrejas particulares – é tornar-se sacramento da globalização, ou da unidade do gênero humano, não excluindo ninguém.

É a hora da catolicidade da Igreja, é o momento da universalidade, da unidade, da globalização da solidariedade. O espírito do nosso tempo a estimula a intensificar os processos de inculturação e encarnação,

---

[18] Cf. R. L. Montalcini, "Il nuovo umanesimo della globalizzazione. Il futuro dell'uomo planetario", em *Corriere della Sera*, Milano, 16.9.1999, p. 35.

[19] Cf. H. Carrier, *Dizionario della cultura per l'analisi culturale e l'inculturazione* (Città del Vaticano, 1997), pp. 120-135.

na cultural local e mundial.[20] Talvez estejamos ainda um pouco distantes de uma comunidade eclesial reconhecida como casa de todos os povos e culturas.[21]

A vida consagrada, nesta visão eclesial em contextos de catolicidade e de encarnação local, pode levar aos países e aos povos com os quais é chamada a viver "uma escala de *valores humanizadores*". O objetivo da aproximação às pessoas não é o consumismo, mas o trabalho em prol de uma cultura da vida e da verdade em todos os níveis, para fazer crescer a espiritualidade da justiça e da paz.

O elemento fundante da vida consagrada permanece sempre o seguimento de Jesus conforme ele aparece no Evangelho, mas o elemento mais dinâmico será a sua ligação com a cultura[22] e com os sinais dos tempos.

A comunicação, entendida como cultura, dirige à vida consagrada algumas interessantes e inevitáveis questões: Que relação há entre vida consagrada e cultura da comunicação? Para que sociedade a vida consagrada quer ser sinal? O testemunho atual da vida consagrada é compreensível? A vida consagrada por acaso parou na época de cada uma das invenções?

---

[20] Cf. P. Giuntella, *Il mondo in rete, solitari nella folla, Iperinformazione e comunicazione conviviale* (Ariccia, Relazione per le FSP, 2001), p. 9.

[21] Cf. 58ª Comisión Teológica USG, "Dentro de la globalización: hacia una comunión pluricéntrica y intercultural, implicaciones eclesiológicas para el gobierno de nuestros institutos", em *Instrumentum Laboris* (novembro 2000), pp. 16-24.

[22] Cf. *Evangelii nuntiandi*, n. 20.

Ficou bloqueada na época da comunicação dos *mass media*? Estamos num tempo em que o fenômeno comunicativo deixou de ser um conjunto de tecnologias e começou a viver como cultura. Anuncia-se assim uma mudança radical da experiência comunicativa humana que será incrementada num futuro próximo.

A cultura da comunicação é uma ocasião extraordinária a todos os crentes e consagrados para criar *diálogo entre a Palavra e os corações novos gerados por esta nova cultura*. A vida consagrada é chamada a ser um verdadeiro laboratório do Espírito e do discernimento,[23] capaz de estimular a criatividade do testemunho cristão. É urgente tomar distância confiando na inexaurível novidade da Palavra que pode ainda inculturar-se e fazer-se carne numa nova cultura, numa nova época da história.[24]

2.5. Pessoas consagradas para o Evangelho na cultura da comunicação global

A comunidade eclesial universal e local e toda a humanidade de hoje mais do que nunca pedem aos religiosos e religiosas que se tornem homens e mulheres[25] capazes de comunicar vida, de partilhar e doar

---

[23] Cf. M. I. Rupnik, *O discernimento* (São Paulo, Paulinas, 2004), p. 25.

[24] Cf. *Novo millennio ineunte*, nn. 1, 39-40.

[25] Cf. P. Evdokimov, *La femme et le salut du monde* (Paris, 1978), p. 188: "A vocação da mulher está em função não da sociedade mas da humanidade; o seu campo de ação não é a civilização mas a 'cultura'".

amor e esperança.[26] Mulheres e homens que conheçam Deus e que saibam apresentá-lo ao mundo com todas as possibilidades comunicativas do terceiro milênio.[27] Na rede global que envolve o mundo e nas infinitas possibilidades de navegação, somos convidadas a proclamar a notícia fiel de um Deus que por amor se faz servo da humanidade. Um Deus capaz, ainda hoje, de surpreender-nos, de romper as barreiras comunicativas, empurrar-nos para além das fronteiras dos nossos pequenos horizontes, acender o amor, construir a paz.

No espaço comunicativo que envolve o mundo está nascendo uma outra humanidade que nos próximos anos crescerá e se desenvolverá de acordo com formas e critérios que ainda não podemos sequer imaginar ou prever, talvez somente intuir.[28] A transformação que está acontecendo é radical para a experiência humana. Na famosa "mãe de todas as redes"[29] todos podem falar e todos podem intervir, aprender, organizar, inventar e muito mais ainda.

---

[26] Cf. S. Sassi, *Apóstolas de Jesus Cristo no mundo da comunicação*, p. 99: "Formas convergentes de apostolado: rezar para os nossos destinatários, o sofrimento (sacrifícios de sono, cansaço, horas extras), a doença, a morte (oferecidas pelo apostolado), o pleno exercício do apostolado (redação, técnica, difusão), um olhar espiritual (toda atividade, ainda que modesta, concorre para a realização do apostolado, como no corpo místico)".

[27] Idem, ibidem, p. 96: "A missão é uma atividade comunicativa plena da presença de Deus assimilado pessoal e comunitariamente. A missão é a síntese da comunicação com Deus e da comunicação com os outros, os destinatários do nosso apostolado. Não há missão sem espírito sobrenatural e preocupação com os destinatários".

[28] A. Joos, *Evangelizzazione e inculturazione nella multimedialità*, cit., n. 9, pp. 6-7.

[29] Rede = internet.

E se, além disso, atravessarmos os umbrais do mundo virtual, daremo-nos conta de estarmos encontrando *uma situação sem precedentes*: ver, ouvir, tocar, manipular objetos que não existem, percorrer espaços sem lugar em companhia de pessoas que estão noutro lugar, tendo, todavia, a convicção da realidade e da presença de uns e de outros. Como peixes nas águas do oceano, a imagem torna-se um mar no qual podemos imergir totalmente.

Podemos "entrar" realmente na fantasia, num tempo novo, num espaço novo. Parece impossível, mas duas pessoas que vivem em partes opostas do globo terrestre podem se encontrar numa imagem virtual, ou melhor, num mundo representado virtualmente onde lugares, coisas, cores são contemporaneamente imagem e realidade. A pessoa humana pode encontrar-se desorientada pela vertigem comunicativa que, de certa forma, modifica as dimensões do espaço e do tempo.[30] As realidades virtuais ampliam e transformam a nossa experiência do mundo,[31] abrindo espaços imaginários que podemos realmente percorrer e explorar.[32]

Hoje podemos reconstruir o passado e torná-lo de novo visível, mas podemos também nos projetar em direção ao futuro para explorar as infinitas possibilidades de realizações novas:

---

[30] Cf. A. Joos, op. cit., p. 10.

[31] Cf. C. Colosio, *Comunicação virtual* (Roma, SICOM-FSP), fasc. 6, p. 10.

[32] Cf. C. Cadoz, *Le realtà virtuali* (Milano, Il Saggiatore, 1996), pp. 1-13.

A comunicação penetra tudo e penetra por tudo, faz-se plataforma onde tudo é envolvido e onde tudo e todos se encontram e se contradizem.

[...]

Na comunicação, os instrumentos que nascem hoje podem parecer instrumentos estranhos. Produzem luz, imagens fugazes, sombras luminosas, sombras penetrantes por todo lugar, impulsos ilimitados, estímulos que saltam as distâncias [...]. Estranhos instrumentos que são orientados não para as coisas reais a serem produzidas, mas para o sonho a ser projetado. São não mais instrumentos do fazer, mas instrumentos do pensar ou do viver uma emoção. E estes instrumentos estão hoje tão intimamente ligados ao sonho que também a ciência está interessada em sonhar e projetar tudo aquilo que ainda não se imagina fazer e pensar.[33]

Nesta mágica atmosfera,[34] nesta história que muda,[35] sentimo-nos *impulsionados pelo amor do Mes-*

---

[33] Cf. A. Joos, *Messaggio cristiano e comunicazione oggi* (Antropologia da comunicação e inserção cristã, em 5 partes: linguagens, sinais, metodologia comunicativa, informação, simbolismo), Negrar (VR), 1989, v. 1, pp. 29 e 9.

[34] Cf. C. M. Martini, *Il lembo del mantello*, n. 12: "Os *mass media* são uma atmosfera, um ambiente no qual estamos imersos, que nos envolve e nos penetra de todos os lados".

[35] Cf. F. Mascolo, L. Fiorella e G. Michelone, *Internet* (Milano, Paoline, 1997), pp. 136-138: "Pensemos só por uns instante na dimensão inovadora da famosa 'Internet: mãe de todas as redes' que desafia e supera as regras tradicionais relativas à teoria e à práxis comunicativa, abrindo estradas completamente novas e originais para a criatividade, para a fantasia, para a edição de conteúdos, para o comércio de bens e serviços. Ninguém sabe prever em detalhes o impacto que um meio de tal dimensão terá a médio e longo prazo sobre a vida cotidiana dos jovens e dos adultos no mundo do trabalho, da escola e da família. Que revolução didática, social, cultural e humana. A nova realidade telemática revolucionará todos os critérios ligados a velhas regras e costumes consolidados, pondo à dura prova a capacidade de adaptação de muitos".

tre (cf. Jo 13,1; Fl 2,6-11) *a participar da paixão de Deus pela humanidade*,[36] a "empastar-nos" no alimento e na bebida dos homens,[37] tornando-nos escuta radical a toda nova possibilidade comunicativa para que possa realizar-se aquela comunicação com Deus que dá sentido e significado aos nossos dias e que pode fazer com que nos sintamos, com toda a humanidade, um só coração e uma só alma (cf. Jo 17,20-26), "Vinde a mim vós todos" (Mt 11,28). Na fidelidade ao carisma dos fundadores, ao mandato eclesial, a nova evangelização passa, necessariamente, através da cultura da comunicação global.[38] Mulheres e homens a caminho, testemunhas da vida que pode renascer, da verdade que não cede a compromissos, entramos neste novo milênio com profunda humildade, como Aquele que mesmo sendo Deus se fez homem e servo da humanidade. Abramo-nos com confiança aos novos caminhos de Deus e colaboremos com todas as nossas forças para conjugar o sonho divino com a nossa realidade humana, a fonte com a realização.[39]

Creiamos que no Evangelho toda pessoa pode achar hoje a alegria de encontrar em Jesus, "único

---

[36] Cf. S. M. Schneiders, *Finding the treasure – Locatins catholic religious life in a new ecclesial and cultural context*, cit., pp. 138-141.

[37] Cf. B. Sorge, *Le Figlie di San Paolo, Eucaristia del mondo* (Roma, Relazione alle FSP, 2000), pp. 4-5.

[38] Cf. M. A. Quaglini, *Carisma paolino e comunicazione* (Roma, Sicom-FSP), fasc. 1, p. 5.

[39] Cf. A. Joos, *L'aspetto cristonomico e comunicazionale dei voti nella società del post-moderno*, cit., p. 22.

verdadeiro Mestre da humanidade",[40] tudo aquilo que pode desejar. Assumir, na nossa vida, a história do nosso tempo é sentir no coração aquilo que Pe. Alberione[41] sentia:

> Devemos sempre conduzir as almas ao paraíso; mas devemos conduzir não aquelas que viveram dez séculos atrás, mas as que vivem hoje. É preciso tomar o mundo e os homens como eles são hoje, para fazer hoje o bem.[42]

O hoje de Deus e o hoje da humanidade deveriam se tornar cada mais a nossa única preocupação. Essa é a responsabilidade histórica e o compromisso profético da vida consagrada:[43] pobre, obediente e casta, numa fidelidade cada vez mais clara, criativa e responsável. De fato,

> se os outros institutos devem se atualizar por conselho, nós precisamos atualizar-nos por comando, para

---

[40] Cf. *Messaggio del Papa alle Figlie di San Paolo*, VII Capitolo Generale, 1995.

[41] Tiago Alberione é o fundador da Família Paulina, que se dedica, na Igreja, à evangelização com os meios de comunicação social e da qual fazem parte as Irmãs e Padres Paulinos. Aos seus filhos e filhas, Alberione dizia que a confiança total em Deus é imprescindível para desenvolver as atividades apostólicas. Tiago Alberione foi beatificado em abril de 2003.

[42] Cf. G. Alberione, *Appunti di teologia pastorale* (1915), p. 93.

[43] Cf. A. Martini, *La Figlia di San Paolo sulla via dei consigli evangelici* (Corea, Relazione per le FSP, 1999), p. 3: "O carisma que o Espírito entregou ao Pe. Alberione [e a todos nós] é uma pérola que brilha com uma luz fulgurante, feita de integração profunda entre apostolado e consagração na via dos conselhos evangélicos. Os conselhos não são, por conseguinte, um acréscimo, mas parte essencial, rosto do carisma paulino. Não se pode conceber o apostolado sem a consagração na via dos conselhos, e não se pode conceber esta sem o apostolado".

uniformizar-nos às constituições, para não se deixar tomar pelo torpor espiritual, pela "anemia" do cristianismo, da indiferença.[44]

Um discernimento profundo e uma leitura comunitária dos sinais dos tempos[45] poderão dar continuidade profética ao carisma de nossas congregações. Leitura que deveria inserir-se numa comunhão entre irmãs provenientes de diversas gerações: das da geração dos *mass media* às da informática, da telemática e da realidade virtual. Será necessária uma contínua passagem de mentalidades ligadas às pequenas estradas com uma única direção a mentalidades ligadas, pelo contrário, à possibilidade de navegar sobre estradas desconhecidas, novas e inventadas com infinitas direções.[46] As novas gerações esperam "vinho novo em odres novos" (Mt 9,17): formação, espiritualidade e comunicação do futuro, para abrir, sobre a janela do mundo, novos horizontes de esperança.

Nessa perspectiva, parece urgente colher a oportunidade deste tempo para uma profunda renovação, para pensar "juntos", de um modo novo, sobre o caris-

---

[44] Cf. G. Alberione, *Per un rinnovamento spirituale* (1952), pp. 32-33.

[45] Cf. *Vita consecrata*, nn. 9, 37, 62, 73, 94. "Para enfrentar adequadamente os grandes desafios que a história atual põe à nova evangelização, é necessária acima de tudo uma vida consagrada que se deixe continuamente interpelar pela Palavra revelada e pelos sinais dos tempos" (n. 81).

[46] Cf. J. T. Puntel, *A comunicação global como mentalidade, empenho apostólico e estilo de vida* (Manila, 1999), p. 17: "Repensar a comunicação exige mudança de mentalidade, pois a comunicação se tornou um fenômeno muito complexo. A qualidade da evangelização como FSP dependerá da integração da comunicação como cenário e como chave de leitura na vida, nos estudos, na vivência dos votos, no projeto da missão" (p. xxx).

ma de nossas congregações, na cultura da comunicação. Juntos rumo ao futuro sem medo e para além de qualquer tentativa de conservação, com profunda esperança, certos de que o Evangelho é potência de Deus para todo aquele que crê. Consagrados ao Evangelho, anunciamos aquela Verdade[47] bela sobre a qual arriscamos toda a nossa vida. Uma Verdade[48] que, em sua Beleza,[49] e em sua bondade, não se impõe mas fascina, propõe, dá luz ao mundo (cf. Jo 1,14; 8,12), partilha a dor, muda a vida a partir de dentro.

Em síntese

1. O seguimento de Jesus (vida consagrada) implica descer na *kénosis* do Mestre. O "fazer-se carne" do Mestre é o modelo de toda inculturação. Inculturar-se para humanizar e vivificar a cultura. Mas o que é a cultura? É aquele dinamismo fundamental através do qual a humanidade exprime-se em toda forma de vida: social, econômica, política, internacional. A pessoa constrói a sua modalidade de relacionar-se consigo mesma, com os outros, com as coisas, e isso se torna o seu modo de dar sentido à vida. Torna-se a sua cultura.

---

[47] Cf. G. Alberione, *Spiegazioni delle Costituzioni*, pp. 233 e 226.

[48] Cf. Mensagem do Santo Padre por ocasião da 35ª Jornada Mundial das Comunicações Sociais: *"Predicatelo dai tetti: il Vangelo nell'era della comunicazione globale"* (27.5.2001), p. 2: "A Igreja e os comunicadores cristãos têm o dever e o privilégio de declarar a verdade, a verdade gloriosa sobre a vida e sobre o destino do homem revelados no Verbo encarnado".

[49] Cf. C. M. Martini, *Quale bellezza salverà il mondo?*, Lettera pastorale 1999-2000, p. 11.

2. Hoje estamos imersos em um modo inédito de viver e de exprimir-nos, o qual se chama cultura da comunicação global, gerada também pelos novos meios de comunicação social (mais céleres, velozes, interativos). Isso faz com que a pessoa se mova dentro de uma "nova relacionalidade", isto é, comece a ser e a relacionar-se de um modo novo com o mundo e com a realidade cotidiana. Também a idéia do espaço e do tempo (com as novas tecnologias) transforma-se e muda a forma de perceber, de sentir as coisas. Desenvolvem-se com intensidade não somente o conhecimento, mas também a fantasia do imaginário através da imagem. Também o método de trabalhar, de produzir, passa por grandes transformações. Tudo isso forma a "cultura da comunicação global", onde a "linguagem" é o grande movimento revolucionário.

3. No interior dessa nova cultura, a globalização é o componente mais novo da civilização moderna. Trata-se de uma realidade ambivalente: pode determinar graves conseqüências e, ao mesmo tempo, pode reservar aspectos positivos para a humanidade inteira. As novas tecnologias de comunicação contribuíram para criar uma interdependência planetária (causa), mas também para fazer nascer empresas de comunicação mundiais (conseqüência). O resultado é que hoje está se criando uma sociedade global, desenvolvendo outros e novos modos de ser: unificam-se os modos de viver, os símbolos culturais, os produtos econômicos. Nasce também a exigência de rever as conseqüências negativas. Todavia, "opor-se ao processo de globalização é uma ingenuidade". É preciso descobrir um

novo humanismo, uma nova valorização da pessoa humana.

4. Aquilo que hoje acontece na cultura da comunicação global oferece à Igreja uma ocasião propícia para ser sempre mais *luz de Cristo* precisamente no processo da globalização, sem aceitar a riqueza como centro, nem o livre mercado como dogma. À Igreja são pedidas a intensificação da inculturação e a encarnação na cultura local e mundial. Nesse contexto, a vida consagrada é chamada a questionar-se sobre para qual sociedade ela quer ser sinal. A cultura da comunicação é uma ocasião para criar diálogo entre a Palavra e as pessoas geradas por essa nova cultura. Em meio à ideologia do mercado e do consumo, a vida consagrada é chamada a ser "vida evangélica".

5. A vida religiosa, consagrada pelo Evangelho, deve sempre atuar num areópago complexo, que é o do mundo da comunicação. As possibilidades comunicativas do terceiro milênio se multiplicam e impelem-nos a tomar o mundo e os homens como eles são hoje. Esta é a "responsabilidade histórica e o compromisso profético" da vida consagrada: ser pobre, casto e obediente na nova cultura, em fidelidade criativa e responsável. Um discernimento profundo e uma leitura comunitária dos sinais dos tempos poderão dar continuidade profética ao carisma próprio de cada Instituto. A atual sociedade global pede-nos que nos façamos presente como apóstolos que se "inculturam" no mundo e anunciam a Verdade de Jesus Cristo com a comunicação social.

Para a reflexão pessoal

✓ Releio o texto com atenção estimulando o meu coração de apóstolo, e *enumero os pontos principais* que me interpelam a viver a minha vida consagrada de uma forma inculturada, no contexto social no qual sou chamado a evangelizar.

✓ Poderia ser pertinente a pergunta: O que eu conheço do mundo da comunicação, nas suas transformações e novas linguagens? O que encontro em mim: interesse, atualização, ou dificuldade em aceitar a realidade comunicativa que se apresenta? É importante pensar que também os votos devem ser vividos em chave comunicativa e, por essa razão, é importante ter conhecimento de que a cultura muda, de que a forma de comunicar se transforma. Quando não nos atualizamos, há o risco de "viver do lado de fora", de "chegar depois", de cair puramente numa "visão negativa" dos *mass media*.

✓ A exemplo de tantos santos, posso pensar, pelo contrário, "com coração de apóstolo": O que posso fazer para utilizar as novas invenções da comunicação para o bem das pessoas de hoje? Sempre lembrando que a vida consagrada não pode ser vivida paralelamente à história, no areópago da comunicação.

✓ *Descubro as motivações* do meu sentir-me entusiasta pelo mundo da comunicação onde o Evangelho deve ser inculturado para ser anunciado. E identifico quais são as que me deixam desconfortável, criam resistência: falta de atualização na cultura da comunicação (por exemplo, leitura dos documentos da Igreja); o desconhecimento traz insegurança e medo, e pode também gerar "apego" ao passado, não vendo aquilo que acontece na sociedade. Seria um erro usar os meios para a evangelização sempre da mesma forma, sem criatividade e sem uma linguagem adequada. Isso incide na qualidade da vida consagrada, pois "não se pode conceber o apostolado sem a consagração na via dos conselhos e não se pode conceber esta sem o apostolado" (A. Martini).

✓ Concluo com um diálogo com Jesus Mestre.

Em comunidade

✓ Partilhemos as reflexões individuais e os apelos do Senhor num encontro organizado comunitariamente.

✓ Discorramos sobre a comunicação global, sobre a ambivalência da globalização (aspectos positivos e de preocupação, de "escravidão" e de possibilidade). O que realmente significa para nós *inculturar-se* como pessoas comunicadoras, consagradas, na sociedade global? O trabalho em rede (do qual já não se pode mais prescindir), o que comporta? Talvez exige uma *obediência orgânica* sempre maior para o desenvolvimento da missão.

✓ Além da reflexão sobre como estar presente (pastoralmente) na globalização, falemos também sobre indicações dos fundadores e da Igreja (VC 99) para viver com fidelidade criativa os conselhos evangélicos no carisma da congregação, hoje. A recente afirmação de um jornalista católico nos faz refletir:

> O erro dos católicos é normalmente este: chegar atrasado sobre as novas tecnologias e sobre novas linguagens, para depois, em compensação, mergulhar sobre a novidade sem levar em conta conteúdos, linguagem, poética, estética (P. Giuntella, 2001).

E o apelo do Papa na 35ª Jornada Mundial das Comunicações Sociais nos diz: "Na nossa época, é necessária uma utilização ativa e criativa dos meios de comunicação social da parte da Igreja" (24.1.2001).

✓ Na compreensão e no desenvolvimento da cultura da comunicação, a participação dos leigos colaboradores é de grande valor. Como os envolvemos?

✓ No final do encontro, assumamos um compromisso e determinemos um tempo para a avaliação.

Espaço criativo

O espaço em branco a seguir é símbolo daquele espaço novo que está se abrindo na nossa vida. Deixe que a sua fantasia se exprima com criatividade. Se quiser, pode usá-lo para a sua reflexão, para as suas idéias novas.

Capítulo 3

TORNAR-SE JESUS PARA COMUNICAR JESUS

A via comunicativa dos conselhos evangélicos

Viver a vida consagrada exige o seguimento de Jesus, casto, pobre, obediente, num contexto social onde o consagrado se "encarna" para continuar a missão de Jesus: o mundo da comunicação nas suas mutações constantes e complexas. Atentos aos "sinais dos tempos", os religiosos percebem hoje a urgência de viver os conselhos evangélicos de forma comunicativa.

O caminho a ser percorrido continua sendo a via paulina da *kénosis*. É Paulo que a indica como processo de cristificação e assimilação dos sentimentos de Jesus. Os conselhos evangélicos, na perspectiva da *kénosis*, abrem-nos à busca do rosto novo da vida consagrada, no terceiro milênio, que tem necessidade de descobrir o rosto suave, humilde, amante de Jesus. Descer na *kénosis* de Jesus para amar, tornar-se servo de todos, comunicar, colaborar, anunciar, como Paulo.

Percurso

1. A via paulina da *kénosis*.
2. Uma obediência epifânica.
3. Um amor edificante.
4. Uma pobreza comunicativa.
5. Como Paulo, comunicadores do Evangelho.

3.1. A via paulina da *kénosis*

Conscientes da revolução comunicativa e das profundas mudanças que estão transformando a experiência humana, acolhemos o convite que vem dos sinais dos tempos e do anseio paulino do "lanço-me para o que está à frente"[1] para deixar-nos transformar e renovar na mente e na vida.[2]

Através de uma reflexão orante sobre os conselhos evangélicos, abrimo-nos a uma tentativa de humilde busca do rosto novo da vida consagrada no terceiro milênio. Colocamo-nos na perspectiva da convergência entre a radicalidade evangélica e o inserir-se profeticamente na cultura global.

A dinâmica que brota da *kénosis*[3] (cf. Fl 2,6-11; Jo 13,1-11) converge, de fato, com as que emergem das atuais urgências comunicativas. Com efeito, de

---

[1] Cf. Fl 3,12-16.

[2] Cf. Rm 12,1-2.

[3] Cf. *Vita consecrata*, n. 9: "Em Cristo Jesus religiosos e religiosas devem continuar a espelhar-se em todas as épocas, alimentando na oração uma profunda comunhão de sentimentos com Ele (cf. Fl 2,5-11)".

Jesus Senhor e Mestre aprendemos a lavar os pés da humanidade e de cada pessoa para comunicar o amor do Pai. Da cultura da comunicação aprendemos a colocar o outro no centro da relação comunicativa, pois o destinatário, que antes era receptor, está se tornando cada vez mais interlocutor e sujeito de uma relação sempre mais interativa. A linha cristológica e a comunicativa se encontram na atenção ao outro, num amor livre que promove o outro.

A vida consagrada é um progressivo processo de cristificação e de assimilação dos sentimentos de Jesus que, mesmo sendo Deus, se fez servo.[4] Paulo ama Jesus e o imita, não repetindo este ou aquele gesto, mas vivendo o significado global de sua *kénosis*,[5] do seu tornar-se como um de nós. É isto que Paulo diz aos cristãos de todo tempo e lugar:

> Tenham em vocês os mesmos sentimentos
> que havia em Jesus Cristo:
> Ele tinha a condição divina,
> mas não se apegou a sua igualdade com Deus.
> Pelo contrário, *esvaziou-se* a si mesmo,
> assumindo a condição de servo
> e tornando-se *semelhante aos homens*.
> Assim, apresentando-se como simples homem,
> humilhou-se a si mesmo, tornando-se *obediente*
> até a morte, e morte de *cruz*!

---

[4] Cf. Fl 2; Jo 13.

[5] Cf. F. Varillon, *L'humilité de Dieu* (Paris, 1974), p. 141: "A *kénosis* de Cristo começa no ventre de sua mãe e se consuma sobre o lenho da cruz".

Por isso, *Deus o exaltou* grandemente,
e lhe deu o Nome que está acima de qualquer outro
nome (Fl 2,5-9).

Viver o Evangelho na própria vida significa fazer da *kénosis*[6] de Jesus o fundamento da própria identidade. Não são tanto os gestos externos de Cristo os que devemos imitar quanto à realidade intrínseca e aos sentimentos que a sustentam. Jesus deu um exemplo insuperável de abaixamento,[7] de esvaziamento e de humildade.[8] É necessário recordar que somos feitos à imagem de Deus e que temos como vocação ser à sua semelhança no Filho Jesus.[9]

A nossa verdadeira identidade será adquirida a partir da *kénosis* d'Aquele que nos amou até o fim.[10] Jesus nos revela que o verdadeiro amor traz consigo a

---

[6] Cf. F. Varillon, *L'humilité de Dieu*, cit., pp. 123-125: "O termo *kénosis* deriva do grego *kenós*, 'vazio', ou *kenóo*, "esvaziar". São Paulo introduziu na sua carta aos Filipenses (2,6-11) um hino cristão, provavelmente anterior à própria carta, no qual este verbo tem por sujeito o Cristo. Ele é a referência principal: Cristo Jesus [...] esvaziou (*ekénosen*) a si mesmo assumindo a forma de escravo e tornando-se semelhante aos homens [...]. Se há uma *kénosis* de Cristo, é porque Deus, Pai, Filho e Espírito, é eternamente *kénosis*. Deus é aquele que se torna em Cristo. A Trindade é em si mesma Potência e Ato de *kénosis*".

[7] Cf. C. K. Barret, *Paul, an introduction to his thought* (London, 1994), pp. 156-158.

[8] Cf. S. Teresa de Lisieux, *História de uma alma* (texto autobiográfico, dirigido à Madre Inês de Jesus), nn. 6-7: "Deus se abaixa [...]; abaixando-se [...], Deus se mostra infinitamente grande [...], é próprio do amor humilhar-se".

[9] Cf. A. Amato, "La spiritualità cristologica in Paolo", em *Consacrazione e servizio*, cit., n. 2, pp. 16-26.

[10] Cf. Jo 13,1ss.

exigência do abaixamento e da morte que nos libertam de nós mesmos, de toda falsidade, de toda ambigüidade, e nos fazem viver assim na dimensão da verdade e da vida.

Também o evangelista João, tal como o apóstolo Paulo, nos introduz na *kénosis* de Jesus.[11] Ele nos faz encontrar o Mestre na hora da sua glória: quando depõe as vestes, lava os pés e se entrega para a vida do mundo.[12] Este ensinamento atravessou os séculos e chegou até nós hoje para *traçar o caminho para a nossa vida consagrada*.[13] O Caminho que o Mestre escolheu para alcançar o mundo foi o Caminho da *kénosis*,[14] o Caminho do amor, o Caminho do serviço. Um caminho que não é só para se percorrer, mas também para se escutar, partilhar e comunicar.

---

[11] Cf. C. M. Martini, *La debolezza è la mia forza* (Piemme, 2000), p. 111.

[12] Cf. Jo 13,1-11.

[13] Cf. *Vita consecrata*, n. 75.

[14] Cf. A. Joos, *L'aspetto cristonomico e comunicazionale dei voti nela società del postmoderno*, cit., pp. 13-15: "*O aniquilamento kenótico*, de esvaziamento, torna possível a transparência do divino em nós [...]. Cristo Caminho, Verdade e Vida não é a concentração de todas os caminhos humanos; pelo contrário, Ele oferece *um seu Caminho*, uma escola diferente dos critérios humanos. Cristo esvaziou-se de si mesmo e assumiu a condição de servo. Essa visão põe os cristãos diante de um contínuo questionamento sobre o tipo de presença que o Senhor escolheu"; cf. também S. Sassi, *Il Cristo totale per il secolo della comunicazione globale*. Atti del Seminario Internazionale su Gesù Maestro (Ariccia, 1996), p. 523: "A tarefa docente da Igreja vai passo a passo com a *kénosis* vivida por Cristo na encarnação e com um estilo de 'serviço', não de 'poder'. O ato de educar é vivido na Igreja pós-conciliar como 'testemunho' (*Evangelii Nuntiandi*, n. 41). 'O homem contemporâneo escuta com mais disposição *as testemunhas* do que os mestres, ou, se escuta os mestres, é porque são testemunhas'".

Jesus é o Caminho.[15] Um Caminho que ama o nosso caminho, que carrega o nosso caminhar, que sustenta a nossa existência. É o Caminho de Deus, diferente de todos os nossos caminhos. Um Caminho humilde e pobre, que abre novos espaços comunicativos de vida e de relações em todo tempo e em todo lugar. Um percurso profundo e exigente ao mesmo tempo, mas também válido e precioso. A nossa vida consagrada é cada vez mais chamada a viver no Mestre e como Jesus "um caminho diferente", a fim de viver a obediência a Deus, o amor nas relações, a pobreza na missão.[16] Um caminho que rompe toda barreira e divisão para caminhar rumo àquele sonho que está desde sempre no coração de Deus: "Que todos sejam um".[17]

3.2. Uma obediência epifânica

"Levantou-se da mesa, *despojou-se a si mesmo,* depôs as vestes, *assumindo a condição de servo* começou a lavar os pés dos discípulos."[18]

---

[15] Cf. Jo 14,6; *Vita consecrata*, n. 18.

[16] Cf. D. Mongillo, *Il voto dei consigli evangelici, aspettri teologico-morali* (Roma, Relazione per le FSP, 1999), p. 12: "O fundamento dos conselhos evangélicos são a graça, as virtudes teologais, os dons do Espírito, onde culminam as bem-aventuranças, as operações que o Espírito leva a fazer nas pessoas que seguem seu instinto e que são dóceis ao carisma".

[17] Cf. Jo 17,21; *Unitatis redintegratio*, n. 7: "O desejo da unidade nasce e amadurece da renovação do ânimo, da abnegação de si mesmos e do pleno exercício da caridade".

[18] Cf. Fl 2,7; Jo 13,4-5; *Vita consecrata*, n. 7: "Jesus é o obediente que adota a forma de servo".

É esse o verdadeiro rosto de Deus? Um Deus que se despojou de si, que assumiu a condição de servo fazendo-se obediente até o fim.[19] Jesus que lava os pés dos discípulos é a verdadeira imagem do Pai que lava os pés da humanidade. Lavar os pés é um ato de revelação,[20] e não de simples humildade. Revelação tremenda e "desconcertante", porque se trata de acolher a imagem de um Deus vulnerável e frágil. Não existe uma glória diferente daquela do "lavar os pés". Este gesto é a maior teofania.[21] No Filho que lava os pés é o Pai que lava os pés. O poder de Jesus se apaga na água de uma bacia utilizada para lavar os pés. Diante desse Deus a nossa obediência se torna espontânea, alegre, desejosa de revelar ainda hoje ao mundo o seu Amor "desconcertante".[22] Um Deus que, ajoelhando-se, quebra toda lógica humana de potência e, em Jesus, diz ainda hoje:

---

[19] Cf. Fl 2,6-8.

[20] Cf. R. Cesarato, *Gesù Cristo Via, Verità e Vita, centro della nostra vita* (fasc. 4 de *Vivere e comunicare Cristo Maestro*, Roma, SIF-FSP, 1997), pp. 12-25: "Entrar no mistério de Cristo que se revela Caminho, Verdade e Vida é entrar na dinâmica do EU SOU. Quando nós olhamos o EU SOU que revela a glória, contemplamos a epifania e a manifestação de Deus e do homem. Deus que lava os pés ama até o fim. A glória é ver o Filho que revela o Pai enquanto dá a vida, enquanto se entrega. Então compreendemos que, EU SOU o Caminho, a Verdade e a Vida na hora da epifania significa: Eu sou o Caminho, o amor até o fim; a Verdade, o amor até o fim; a Vida, o amor até o fim".

[21] Cf. Jo 13,19; 4,26; 8,28; Ex 3,14; EU SOU é a fundamental afirmação que Jesus faz de si mesmo. Afirma de modo paradoxal tanto a sua realidade divina como a sua total dependência em relação ao Pai, que se manifestará plenamente no mistério da sua morte e ressurreição.

[22] Cf. *Vita consecrata*, n. 75.

É preciso exercitar a autoridade e a missão como eu o fiz, como um pobre e como um predileto do Pai. Não busqueis honras e privilégios. Procurai ser servos dóceis e humildes, instrumentos da minha palavra e do meu amor. E eu estarei convosco todos os dias, estarei convosco e no meio de vós como aquele que serve, vos darei uma nova força e vos sugerirei as palavras.

Para seguir Jesus mais de perto no caminho dos conselhos evangélicos, será necessário cumprir gestos de loucura,[23] de superabundante gratuidade, que revelam aquele amor divino que Jesus manifestou ao lavar os pés.

Em Jesus, a obediência é epifania de Deus,[24] é fazer aquilo que o Pai faz, revelar aquilo que o Pai é. Jesus, lavando os pés aos seus, decide perder "a forma de Deus" para tomar a "forma de servidor". Ele acolhe este projeto por obediência. Obedecer a Deus é obedecer em Jesus, revelando com Ele o rosto "desconcertante" do amor de um Deus servo.[25] Contemplar o rosto de Jesus que lava os pés de cada um de nós é assumir a imensa responsabilidade de comunicar ao mundo a verdadeira imagem de Deus. A obediência nos obriga, no amor, a responder ao Amor com "aquela liberdade que não consiste na afirmação de si (sou), mas na disponibilidade ao outro (eis-me aqui).[26]

---

[23] Cf. J. Vanier, *La lavanda dei piedi* (Bologna, EDB, 1999), p. 41.

[24] Cf. C. Molari, *La vita del credente* (Torino, Elle Di Ci, 1996), p. 125: "Para Jesus, cumprir a vontade de Deus, obedecer, significa revelar o amor do Pai".

[25] Cf. *Vita consecrata*, n. 75: "Amar com o coração de Cristo".

[26] Cf. E. Levinas, *Difficile libertà* (Brescia, 1978).

"Depor as vestes para servir" significa hoje se despojar de atitudes dominantes e individualistas para cingir-se de novas atitudes evangélicas. O serviço no campo comunicativo implica uma nova modalidade de relacionamento: pessoas acolhedoras, abertas, criadoras de relações profundas, dispostas a confrontar-se com o grupo, capazes também de guiá-lo, de valorizá-lo, de utilizar ao máximo as riquezas da comunidade. O mundo de hoje requer pessoas relacionais que busquem não atrair sobre si os olhares admirados e extáticos das pessoas, mas sim suscitar continuamente as capacidades dos outros, permitindo aberturas criativas. O homem e a mulher do terceiro milênio se sentirão mais dependentes uns dos outros. Mas esta dependência, ao invés de empobrecê-los, os enriquecerá.[27]

3.3. Um amor edificante

Também vós,
tenhais os mesmos sentimentos de Jesus:
não façais nada por ambição,
mas com humildade considerai os outros melhores
do que vós,
lavando-vos os pés uns dos outros (Fl 2,3-5; Jo 13,14).

Com estas palavras Jesus nos impele para o coração das nossas comunidades e da missão; da relação profunda com Jesus, servo obediente do Pai, para a manifestação pública de um amor que se abaixa,

---

[27] Cf. A. Tange, *Analyse psychologique de l'Eglise* (Paris/Ottawa, Fleurus/Novalis, 1970), p. 124.

que escolhe o caminho humilde do serviço[28] alegre. "Será precisamente a nossa capacidade de amar o que revelará a qualidade da nossa relação com o Mestre",[29] que não veio para ser servido mas para servir. O serviço nasce somente de um coração reconhecido e capaz de apreciar o verdadeiro valor da comunidade e de cada pessoa. Sentir-se responsável não é só uma questão de generosidade, mas do olhar atento e cuidadoso, capaz de ver e entender, como o olhar do samaritano, que se deu conta do ferido, como o gesto de quem hospeda o irmão e a irmã, "criando espaço para ele na própria vida, na própria casa, nas próprias ocupações".[30] Gestos que, cumpridos como Jesus, com espírito de servo, constroem a fraternidade mais do que mil palavras. "Um coração casto e feliz por lavar os pés da comunidade, na casa do Pai, constitui a imagem mais bela do filho que edifica a fraternidade com a identidade do servo."[31]

Jesus, de joelhos diante dos seus discípulos, testemunha não somente o seu amor para cada um, mas

---

[28] Cf. C. M. Martini, *La debolezza è la mia forza*, cit., p. 118: "A teologia recente, penso em Hans Urs von Balthasar e François Varillon na área católica, e em Karl Barth e J. Moltmann na área protestante, considera que a manifestação de Deus na humildade *kenótica* de Jesus servo corresponde à sua íntima natureza trinitária".

[29] Cf. C. Molari, *La vita del credente*, cit., pp. 119-120: "O amor, de fato, é uma das dinâmicas fundamentais da vida, e a castidade é a condição para estabelecer relacionamentos harmônicos, para realizar o desenvolvimento da vida, alcançar a própria identidade pessoal e adquirir a capacidade de sólidas amizades".

[30] Cf. *A vida fraterna em comunidade*, n. 21.

[31] A. Cencini, *Vida fraterna, comunhão de santos e pecadores: "...como o orvalho do Hermon..."* (São Paulo, Paulinas, 2003, pp. 202-205.

também o seu desejo de eliminar os medos, as barreiras de domínio, porque ele conhece o drama das pessoas excluídas. Jesus, como um verdadeiro pobre, invoca a unidade, o amor que se abaixa e constrói a partir de dentro. O seu Caminho traça a modalidade concreta das nossas relações fraternas e impele cada um de nós a assumir a castidade evangélica como serviço à unidade dos corações e das forças para poder ainda comunicar ao mundo que existe um Deus, que no amor, lava com extrema ternura os pés das suas criaturas.

3.4. Uma pobreza comunicativa

A identidade do religioso é comunicativa, isto é, vive, cresce e exprime-se na interação com os outros. O caminho da *kénosis* e da pobreza perpassa a sua identidade e missão, e assinala também o modo de comunicar Jesus ao mundo. Penetrar profeticamente na cultura da comunicação global significa assumir, de uma forma radical, as escolhas que caracterizaram a própria vida de Jesus, significa tornar-se voz *kenótica*[32] que não renuncia a falar, mas que desaparece na própria mensagem.

A pobreza daquele que se ajoelha diante dos pés da humanidade oferece a verdadeira imagem de Deus[33]

---

[32] Cf. F. Varillon, *L'humilité de Dieu*, cit., p. 17.

[33] Cf. C. M. Martini, *La debolezza è la mia forza*, cit., p. 114: "O Deus dos profetas bíblicos, de Jesus e dos apóstolos encontra a sua glória no serviço. No entanto, Jesus, que é rei que se define como Mestre e Senhor (Jo 13,13), se autocompreende melhor na imagem do servo [...], para revelar o verdadeiro rosto de Deus".

que rompe toda tentação de domínio no universo da comunicação.[34]

Uma comunicação totalmente nossa, auto-suficiente, isolada, mestra de tudo e de todos, excluiria uma fecunda relação comunicativa com os outros. O próprio Jesus escolheu espaços de silêncio e gestos simbólicos para abrir o nosso coração ao Mistério de Deus. O Mestre servo[35] nos pede a humildade de pensamento, o serviço da verdade, o diálogo com todos. Sem soluções definitivas, sem se apropriar da última palavra. Jesus fez de sua vida um Caminho para revelar o Amor do Pai; assim também nós somos chamados a viver o anúncio na radical pobreza que faz da comunicação do Evangelho uma possibilidade para ir a todos, com abertura de coração e de mente:

> A nossa presença será significativa e crível à medida que formos capazes de receber a comunicação proveniente de todas as partes do mundo, acolhê-la e abri-la ao Mistério do Amor de Deus.[36]

3.5. Como Paulo, comunicadores do Evangelho

Comunicador por vocação, pode-se dizer que Paulo se identificou com a mensagem que levava. Ele

---

[34] Cf. A. Joos, *I consigli evangelici* (Relazione per le FSP, 1999), p. 3: As comunidades e a missão "não serão a soma de todas as táticas comunicativas de que se pode desfrutar, nem a concentração de todos os caminhos no Caminho, nem o domínio dos potentes meios de comunicação, mas um caminho diferente, aparentemente inoperante, irrelevante".

[35] Cf. Is 42,1-7.

[36] A. Joos, *I consigli evangelici*, cit., p. 3.

escreveu: "Eu vivo, mas não eu, é Cristo que vive m mim".[37] Teria podido escrever: "Não sou mais eu que vivo, é o Evangelho que vive em mim".[38] Paulo se tornou, assim, comunicação de Jesus. Hoje, numa cultura que abrange todos os povos, todas as línguas e todos os contextos sociais, é urgente assumir e entrar como Paulo[39] na *kénosis* de um Deus[40] que se faz homem e servo da humanidade. Como Jesus, assim também Paulo despojou-se de si mesmo por amor de seus irmãos.

Em cada etapa de sua vida, Paulo sentiu no seu coração que estava sendo impelido pelo amor de Cristo: "Ai de mim se eu não anunciar o Evangelho". Essa missão vivida com tantos colaboradores, expressão do seu amor apaixonado por Cristo, o envolveu na liberdade e nas correntes, enquanto sadio e enquanto enfermo, quando jovem e quando mais maduro. Comunicar Jesus é, para o apóstolo Paulo, uma realidade dinâmica, mas ao mesmo tempo é uma realidade interior e mística. De fato, Paulo empreendeu uma viagem interior[41]

---

[37] Gl 2,20.

[38] Cf. G. Biguzzi, *Paolo, comunicatore tra interculturalità e globalizzazione* (Roma, Paoline, 1999), p. 30.

[39] Cf. *Vita consecrata*, n. 18.

[40] Cf. *Vita consecrata*, n. 79: "Anúncio de Cristo e inculturação: aproximar-se das diversas culturas na atitude de Jesus, que 'despojou-se a si mesmo assumindo a condição de servo'" (Fl 2,7).

[41] Cf. A. Cencini, *I sentimenti del Figlio* (Milano, Paoline, 1999), p. 124: "Modelo paulino: aspecto dinâmico: o componente dinâmico da fé requer uma adesão não somente mental, mas estendida também aos demais componentes psíquicos (afetivos e volitivos) e portanto põe pelo menos as premissas para uma fé que se deixa provocar pela vida e cresce com ela. Uma fé 'em movimento' e conseqüentemente cada vez mais corajosa e convincente".

que o levou a tornar-se servo de todos[42] por amor ao Evangelho:

> Assim, livre em relação a todos,
> eu *me tornei escravo de todos*,
> a fim de ganhar o maior número possível.
> Com os judeus me fiz judeu, para ganhar os judeus.
> Com os súditos da Lei me fiz súdito da Lei
> — embora não fosse mais súdito da Lei —,
> para ganhar os súditos da Lei [...].
> Com os fracos me fiz fraco, para ganhar os fracos.
> Para todos eu me fiz tudo, para certamente salvar alguns.
> Por causa do Evangelho eu faço tudo (1Cor 9,19-23).

Fazer-se tudo a todos pelo Evangelho é o caminho da *kénosis* vivido por Paulo nos relacionamentos e na missão.

Esse caminho Paulo realizou com características particulares:

Fraqueza, força do anúncio

> Irmãos, quando fui até vós anunciar-vos o mistério de Deus, não recorri à oratória ou ao prestígio da sabedoria. Pois, entre vós, não julguei saber coisa alguma, a não ser Jesus Cristo, e este, crucificado. Aliás, estive junto de vós com fraqueza e receio, e com muito tremor. Também a minha palavra e a minha pregação não se apoiavam na persuasão da sabedoria, mas eram uma demonstração do poder

---

[42] Cf. G. Scarvaglieri, *Vita consacrata e inculturazione* (Bologna, EDB, 1999), pp. 62-63.

do Espírito, para que a vossa fé se baseasse no poder de Deus e não na sabedoria humana (1Cor 2,1-5).

Na fraqueza de Paulo passa a força de Cristo: "Quando estou fraco, então é que sou forte" (2Cor 12,10). Na comunicação do Evangelho a energia de Deus passará na fraqueza do evangelizador, o qual, esvaziando-se de si mesmo, deixará toda vanglória, toda forma de poder e de domínio.[43]

Colaboração

Paulo vive o seu apostolado envolvendo toda a sua pessoa, mas o exercita com outros, porque reconhece em cada cristão o direito-dever de anunciar Cristo com o seu particular dom e sabe que a missão é uma rede de relações, um acontecimento comunitário. Os colaboradores são o ponto de apoio de Paulo; tornam-lhe possível aquilo que teria sido impossível em sua missão (por exemplo, durante os tempos da prisão, a missão continua, graças aos seus fiéis colaboradores).[44] Conhecer Paulo significa encontrar: Ananias, Gamaliel, Barnabé, Marcos, Timóteo, Tito, Urbano, Epafrodito, Filemon, Evódia, Síntique, Lucas, Silvano, Áquila, Priscila, Febe e tantos outros. Muitas pessoas, muitos rostos.

Paulo anunciou o Evangelho graças a uma forte colaboração, na comunhão em Cristo Jesus.

---

[43] Cf .U. Vanni, *L'ebbrezza nello Spirito, una proposta di spiritualità paolina* (Roma, ADP, 2000), p. 109.

[44] Cf. F. Castronovo, *Miei collaboratori...* (Relazione alle FSP, Provincia Italiana, 1998), pp. 3-4.

O melhor caminho

Entrando na dinâmica do mistério pascal de Jesus, Paulo entra na *kénosis* do amor que o impeliu além de si mesmo, além dos confins geográficos e culturais então conhecidos, a fim de poder anunciar o Evangelho do amor.

Paulo, homem que conheceu várias línguas e várias culturas, que soube partilhar a vida, a sorte, os problemas e as esperanças daqueles que se tornaram destinatários do seu anúncio, indica-nos o caminho excelente da evangelização, a caridade. Não existe outra estrada para fazer conhecer Deus, não existe outra estrada para comunicar o Evangelho, não existe outra estrada para contribuir na edificação de uma sociedade nova, fundada na solidariedade, na justiça e na paz:

> Agora vou indicar-vos *o melhor caminho*:
> Se eu falasse as línguas dos homens e as dos anjos,
> mas não tivesse a caridade,
> eu seria como um bronze que soa ou um címbalo que retine.
> Se eu tivesse o dom da profecia,
> se eu conhecesse todos os mistérios e toda a ciência,
> se tivesse toda a fé, a ponto de remover montanhas,
> mas não tivesse a caridade,
> eu nada seria [...].
> A caridade não é invejosa, não se incha de orgulho,
> não busca o seu interesse [...].
> A caridade tudo desculpa, tudo crê, tudo suporta.
> A caridade jamais acabará (1Cor 13,1-3).

Em síntese

1. O seguimento de Jesus, servo da humanidade, e a cultura da comunicação que põe o ouvinte no centro da atenção comunicativa, convidam-nos a percorrer o caminho paulino da *kénosis* num progressivo processo de assimilação dos sentimentos do Mestre. Paulo ama Jesus e o imita, não repetindo este ou aquele gesto, mas vivendo o significado profundo da sua *kénosis*, como ele mesmo descreve no hino cristológico proposto aos filipenses: Cristo Jesus despojou (esvaziou) a si mesmo tomando a forma de escravo e tornando-se semelhante aos homens. A *kénosis* de Jesus torna-se para Paulo (e para nós) a modalidade do seguimento. O caminho que o Mestre escolheu para alcançar o mundo é um exemplo insuperável de abaixamento, de esvaziamento e de humildade; é o caminho do amor, o caminho do serviço. Ele se fez como um de nós, num determinado período histórico, na cultura do seu tempo. Seguindo Jesus, somos chamados a uma vida consagrada apostólica dinâmica, que brota da *kénosis* que nos "forma" apóstolos do nosso tempo, para as atuais necessidades da humanidade.

2. "Jesus é o obediente que adota a forma de servo" (VC 22). Ao lavar os pés, Jesus se levanta da mesa, despoja-se de si mesmo, depõe as vestes e, assumindo a condição de servo, cumpre uma obediência epifânica, isto é, manifesta o amor de Deus, no serviço ao outro. Contemplar Jesus, que lava os pés de cada um de nós, faz-nos assumir a responsabilidade de comunicar ao mundo a verdadeira imagem de Deus.

A obediência nos obriga a responder ao Amor com a liberdade, a qual não consiste na afirmação de si, mas na disponibilidade ao outro (eis-me aqui). "Depor as vestes para servir" significa despojar-se de atitudes dominantes e individualistas. O serviço, no campo comunicativo, implica uma nova modalidade de relacionar-se: pessoas acolhedoras, abertas, dispostas a se deixar confrontar pelo grupo, capazes também de valorizá-lo, de utilizar ao máximo as riquezas da comunidade.

3. "Princípio de fraternidade nova, a castidade reata a vida comunitária, dá sentido ao nosso viver juntos e ao nosso dinamismo apostólico". Será a nossa capacidade de amar quem revelará a qualidade da nossa relação com o Mestre, que não veio para ser servido, mas para servir. O serviço, no entanto, só pode nascer de um coração reconhecido e capaz de apreciar o verdadeiro valor da comunidade e de cada pessoa. O amor (castidade) na visão *kenótica* compreende gestos cumpridos como Jesus, com espírito de servo: é o amor para cada um, um amor que se abaixa, que elimina os medos, as barreiras de domínio e constrói a unidade. O caminho traçado por Jesus nos indica a modalidade para viver as nossas relações fraternas e para empenhar as nossas forças rumo à missão.

4. O caminho da *kénosis* e da pobreza perpassam a identidade religiosa e a missão, e assinalam também o modo de comunicar Jesus ao mundo. Calar profeticamente na cultura da comunicação global significa tornar-se "voz *kenótica*", que não renuncia a falar, mas que desaparece na própria mensagem, re-

velando somente o rosto de Deus. É a pobreza que se ajoelha aos pés da humanidade e oferece a verdadeira imagem de Deus, que rompe toda tentação de domínio no universo da comunicação, que abre espaços aos outros sem se apropriar da última palavra.

5. Paulo se identificou com Cristo até o ponto de escrever: "Eu vivo, mas não eu. É Cristo que vive em mim". Hoje, numa cultura que abrange todos os povos, todas as línguas e todos os contextos sociais, é urgente assumir e entrar, como Paulo, na *kénosis* de um Deus que se faz homem e servo da humanidade. Como Jesus, assim também Paulo despojou-se de si mesmo por amor dos seus irmãos até dizer: "Ai de mim se eu não anunciar o Evangelho". Mas a missão, feita com tantos colaboradores, é realmente a expressão do seu amor apaixonado por Cristo. Comunicar Jesus é, para o apóstolo, uma realidade dinâmica, mas ao mesmo tempo interior e mística. É o caminho da *kénosis* que Paulo viveu na "fraqueza", na "colaboração" e no "amor".

Para a reflexão pessoal

✓ Releio o texto com atenção, deixando-me tocar pelos mesmos sentimentos de Jesus, e *enumero os pontos principais* que me interpelam a viver os conselhos evangélicos na ótica da *kénosis* de Jesus.

✓ O caminho percorrido nos capítulos precedentes sobre a vida consagrada e o contexto social atual nos estimulam a chegar a uma certeza: temos necessidade de nos tornar Jesus para comunicar Jesus. Para ser apóstolo comunicador do Evangelho, na revolução comunicativa do nosso tempo, somos convidados a percorrer o caminho da *kénosis*, indicado na carta de Paulo aos Filipenses (cf. 2,6-11) e no evangelho segundo João (cf. Jo 13,1-11). Experimento "escutar" o meu coração enquanto contemplo a cena do lava-pés, e com os sentimentos de Jesus, *redescubro* o sentido da obediência, da castidade e da pobreza na minha vida pessoal, comunitária e apostólica.

✓ Avalio *as motivações dos meus desejos* para viver o caminho da *kénosis* na minha vida: "esvaziou a si mesmo", "assumindo a condição de servo", "tornando-se semelhante aos homens" (forma humana). Confronto também as *motivações que me impedem* de lavar (e de me deixar lavar) os pés para comunicar e acolher o amor do Pai. Como Paulo, o anúncio do Evangelho passa pela *kénosis*; a missão se torna expressão do seu amor apaixonado por Cristo. O que me impede de comunicar Jesus, de forma dinâmica, mas ao mesmo tempo interior e mística?

✓ Concluo com um diálogo com Jesus Mestre.

Em comunidade

✓ Partilhemos as reflexões individuais e os apelos do Senhor num encontro organizado comunitariamente.

✓ Reflitamos sobre a *kénosis*, caminho comunicativo dos conselhos evangélicos, lembrando as palavras de A. Joos referentes aos votos em perspectiva comunicacional: "A relação fundamental de nossos carismas na Igreja obriga a uma particular consideração do hino cristológico relativo à *kénosis*. Texto muito atual na meditação cristã em torno do compromisso comunicativo".

✓ Partilhemos o modo como aplicar no nosso contexto comunitário e apostólico os passos principais do caminho paulino da *kénosis*. Vivemos num mundo de comunicação onde domina o poder, a afirmação de si, a auto-realização, mas existem também tantas possibilidades de viver de forma "inculturada" a evangelização, tantas oportunidades de ser "presença de luz e de vida" na cultura da comunicação global, tantas ocasiões e exigências de trabalhar em rede, que requerem "esvaziamento de si", "condição de servo", "obediência orgânica", colaboração, aceitação e percurso de evangelização *com os leigos*. Quais são as nossas escolhas?

✓ No fim do encontro, assumamos um compromisso e determinamos um tempo para a avaliação.

Espaço criativo

O espaço em branco a seguir é símbolo daquele espaço novo que está se abrindo na nossa vida. Deixe que a sua fantasia se exprima com criatividade. Se quiser, poderá usá-lo para a sua reflexão e/ou suas idéias novas.

PARTE II

A DIMENSÃO COMUNITÁRIO-APOSTÓLICA DOS CONSELHOS EVANGÉLICOS

O itinerário da Parte II, que se articula em outros três capítulos, apresenta *a dimensão comunitário-apostólica dos conselhos evangélicos* na linha da *kénosis.*

O Capítulo 4 propõe o conselho evangélico da castidade como amor criativo que coloca todas as forças criativas e imaginativas a serviço do Evangelho. O Capítulo 5 apresenta o conselho evangélico da pobreza como esvaziamento de si e abertura a um processo comunicativo que coloca em comunhão e colaboração com todos.

O trabalho é concluído com o conselho evangélico da obediência visto como resposta obediente aos sinais dos tempos, que nos faz viver um contínuo discernimento para realizar, como Jesus, o projeto salvífico do Pai.

Capítulo 4

UM AMOR CRIATIVO

A dimensão comunitário-apostólica da castidade

Viver o conselho evangélico da castidade significa colocar-se no seguimento de Jesus que, na doação total de si, torna visível e concreto o amor do Pai. Participamos dessa sua missão através do amor doado em comunidade e comunicado ao mundo.

"A nova evangelização exige de consagrados e consagradas plena consciência do sentido teológico dos desafios do nosso tempo" (VC 81). A coragem do anúncio de Jesus, hoje, deve ser vivida na totalidade de um amor transparente, comunicativo e fecundo.

Transparência de vida e criatividade do amor far-nos-ão viver o nosso tempo caracterizado cada vez mais pelo virtual, pela imaginação, com um fogo no coração que, como diz Alberione, faz inventar, pensar, correr, organizar.

Nesse contexto, a imaginação e a fantasia se tornam sempre mais elementos para realizar novas modalidades de anúncio através da criatividade e da exploração de situações novas e impensadas para o Evangelho.

Percurso:

1. Um amor transparente:

   Do outro lado do vidro

   Uma transparência comunicativa

   Uma transparência fecunda.

2. A fonte criativa da comunicação a serviço do Evangelho:

   A chave do futuro

   Uma energia positiva

   Uma redescoberta vital

   A fantasia a serviço do Evangelho

   Um talento precioso.

4.1. Um amor transparente

Ser epifania do amor de Deus significa atravessar o caminho paulino da *kénosis* que dá aos conselhos evangélicos a mais compromissada concretude.[1]

---

[1] Cf. *Vida fraterna em comunidade*, n. 44: "A profissão religiosa é expressão do dom de si a Deus e à Igreja, mas de um dom vivido na comunidade de uma família religiosa. Há *uma convergência de sim a Deus*, que une os vários consagrados numa mesma comunidade de vida. Consagrados juntos, unidos no mesmo 'sim', unidos no Espírito Santo, os religiosos descobrem a cada dia que a sua seqüela de Cristo 'obediente, pobre e casto' é vivida na fraternidade, como os discípulos que seguiam Jesus no ministério".

Participar da missão de Jesus através do amor doado em comunidade ao mundo (VC 72) significa ter no coração o fogo que faz inventar, pensar, correr, organizar. O verdadeiro amor é inventivo.[2]

É na comunidade[3] e no hoje da comunicação que se aprende a servir e a viver o mandamento do amor: "Amai-vos como eu vos amei" (Jo 13,34; 15,12). "A transparência da vida e a criatividade do amor serão" [4] como luz e profecia para anunciar a presença de Cristo na era da comunicação.

Do outro lado do vidro

Hoje, mais do que nunca, a aldeia global da comunicação faz-nos entrar em um mundo muito concreto. A chuva incessante de imagens criou um "povo" que ama a concretude, que tem problemas com os princípios universais, que é alérgico a tudo aquilo que tem algo de abstrato.[5] Somente o que é tangível e transparente, belo e atraente suscita questionamentos, toca

---

[2] Cf. Tiago Alberione, *Haec meditare II*, 8 (1948), pp. 179-180.

[3] Cf. *Vida fraterna em comunidade*, n. 8: "Antes de ser uma construção humana, a comunidade religiosa é um dom do Espírito. De fato, é do amor de Deus difundido nos nossos corações por meio do Espírito que a comunidade religiosa tem origem e dele é construída como uma verdadeira família reunida no nome do Senhor. Não se pode compreender a comunidade religiosa sem partir do seu ser dom do Alto, do seu mistério, do seu radicar-se no coração mesmo da Trindade santa e santificante, que a quer parte do mistério da Igreja, para a vida do mundo".

[4] Cf. A. Joos, *La comunità evangelica* (Relazione per le FSP – Prov. italiana, 1999), p. 4.

[5] Cf. P. Babin, *La catechesi nell'era della comunicazione* (Torino, Elle Di Ci, 1989), pp. 39-44.

os sentimentos, provoca emoções, busca acolhida. O homem e a mulher do pós-moderno pedem à vida consagrada concretude e transparência de vida.

Será precisamente na transparência que a *kénosis* paulina poderá exprimir toda a sua força e a sua luz. Despojar-se das vestes, assumir o serviço, amar e deixar-se amar, permanecer na transparência exigirão saber afrontar também o sofrimento da contínua verdade de si para poder responder, com fidelidade, ao carisma paulino:[6] A transparência com a qual Tiago Alberione muito se preocupava e que o fazia comparar a vida a um vidro:

> Mesmo que o sol seja esplêndido, se o vidro for embaçado, a luz não passa. O Evangelho é esplêndido: "Eu sou a luz do mundo"; mas se através de nós ele não passa bem porque o coração ou a vida não estão bem, o que acontecerá? Que responsabilidade quanto às conseqüências para a nossa vida e para o apostolado na prestação de contas que deveremos fazer a Deus.[7]

Comparar a nossa vida a um vidro através do qual passa a luz do Evangelho é pôr em primeiro plano a importância absoluta da transparência.

Em um carisma de comunicação, o conselho evangélico da castidade abraça a totalidade da pessoa (pensamentos, sentimentos, ações) e se exprime como transparência que nos torna comunicadores do amor de Cristo sem interferências.

---

[6] Cf. Jo 13,1-13; Fl 2,5-11; G. Alberione, *"Cor poenitens tenete [...]"*.

[7] Cf. G. Alberione, *Spiegazione delle Costituzioni*, p. 235.

Em nossa cotidianidade, porém, freqüentemente fazemos a experiência da opacidade. Uma opacidade que pode referir-se à linguagem, à relação com os outros, à nossa própria identidade. Uma linguagem não clara torna tudo aquilo que se quer comunicar incompreensível e obscuro.[8] Isso aumenta a dificuldade de relação com os outros, consigo mesmo e com Deus. Se a linguagem não permite comunicar verdade, tudo se torna opaco. Para poder compreender em profundidade é necessário que a comunicação seja veiculada por uma linguagem vital e compreensível, simples e transparente.

A opacidade da relação nasce quando não há coerência entre o dizer e o fazer, quando as barreiras defensivas escondem o rosto mais autêntico da nossa personalidade, quando não é clara a intenção do coração, quando nos deixamos prender por palavras vazias e sem espessura, quando se foge da possibilidade de encontrar as pessoas de modo verdadeiro,[9] profundo, livre e construtivo.

---

[8] Cf. V. Amato, *L'arte del dialogo* (Franco Angeli, 1996), p. 65: "É fundamental que as palavras tenham o mesmo significado para todos. As palavras são as etiquetas que damos aos eventos e aos conceitos. A mente precisa delas para codificar o conhecimento, mas precisamos sempre lembrar que as categorias mentais são diferentes de pessoa a pessoa. Criar significados comuns, compreendidos e partilhados por todos, significa pôr as bases para realmente entender-se uns aos outros".

[9] Cf. M. Farina, "Vita consacrata al femminile", em E. Rosana e P. del Core (eds.), *La vita religiosa alle soglie del duemila* (Roma, Las, 1997), p. 48: "Se é prostituição vender o próprio corpo, muito mais o é vender a própria mente na cumplicidade e na mentira. Parece-me interessante instaurar um relacionamento entre a busca de transparência e de eticidade emergente no atual contexto sociocultural e a prática da castidade evangélica".

Quando a opacidade ofusca a identidade, então o nosso ímpeto apostólico é bloqueador na raiz, arrasa a alegria, tira a liberdade, distancia a meta do caminho, ofusca a beleza.

Somente sob o olhar misericordioso de Deus, em comunhão com o Mestre que desenvolve em nós as forças do amor e com um coração aberto à sua Palavra,[10] podemos progressivamente crescer *na transparência que deixa entrever*[11] *a Beleza do rosto de Deus*: "Quem me vê, vê o Pai" (Jo 14,9).

Uma transparência comunicativa

Toda a nossa vida deveria deixar transparecer o mistério[12] de Cristo.

Beleza que se comunica em todo fragmento da existência, e que na concretude do cotidiano exprime-se como harmonia, sensibilidade, nobreza e fineza de ânimo nas relações, bom gosto nos ambientes, criatividade na oração, na ação apostólica; simplicidade e

---

[10] Cf. Hb 4,12-13: "A sua Palavra é viva e enérgica. Penetra e conhece os sentimentos e os pensamentos do coração. Não há nada que possa ficar escondido a Deus. Diante de seus olhos, todas as coisas são nuas e descobertas".

[11] Cf. C. Molari, *La vita del credente* (Torino, Elle Di Ci, 1996), p. 39: "Na vida espiritual tem uma notável importância o grau de transparência interior que a pessoa alcança. Em base a ela vivem-se os relacionamentos, desenvolvem-se as potencialidades, utilizam-se as coisas, encontra-se Deus".

[12] Cf. D. Mongillo, *Il voto dei consigli evangelici: aspetti teologico-morali* (Relazione per le FSP, Roma, 1999), p. 13: "Tudo é vosso, vós sois de Cristo, Cristo é do Pai. O todo da pessoa converge em Cristo no Pai. A pessoa que vive assim tem uma fisionomia inequívoca. É transparência de vida [...]. Sujeito do Corpo Místico de Cristo são as pessoas cristiformes que, transformadas na graça da pertença, querem ser no agir cotidiano transparentes, pobres, obedientes".

clareza na comunicação; capacidade de surpreender-se e de comover-se, liberdade de agir por amor e compaixão.

O amor se torna evangélico quando se faz total acolhida do Senhor Jesus. Na casa da nossa vida a ternura do "bom pastor" vai sempre à procura daquele que se transviou, daquele que está perdido, daquele que é fraco e ferido, a fim de que o amor do Pai alcance tudo e todos. A misericórdia tem em si a força para libertar e curar toda pessoa e para testemunhar a beleza de Deus.[13] Só assim é possível ver pessoas e acontecimentos com os olhos de Jesus, tornando-se homens e mulheres de misericórdia e de esperança. Só assim o conselho evangélico da castidade será belo e dará frutos lindíssimos: liberdade dos falsos absolutos, abertura no que tange à verdade, experiência unificante da vida, disponibilidade ao serviço e à dedicação, a força de viver, testemunhar, anunciar os grandes valores da existência. Isso nos compromete a entrar no mistério pascal de Jesus e a fazer do êxodo o principal movimento do nosso coração, o caminho que nos acompanhará por toda a vida.

Quanto mais Jesus pensa em nós, ama em nós, age por meio de nós,[14] tanto mais o seu rosto brilhará nas nossas comunidades e dará à nossa vida — mesmo que empenhada, ordenada, organizada, boa, res-

---

[13] Cf. C. M. Martini, *Quale bellezza salverà il mondo?* (Lettera past. 1999-2000), p. 36.

[14] Cf. G. Alberione, *Alle Figlie di San Paolo 1946-1949* (Roma, Casa Generalizia, 2000), pp. 598-599.

ponsável, ativa — a beleza de uma vida alegre, comunicativa, acolhedora, cordial, simples, entusiástica, dinâmica e em sintonia com o tempo.

A transparência interior é indispensável seja *para viver de modo autêntico e livre todas as relações*, seja para ser no mundo uma comunicação eficaz do amor de Cristo Senhor.[15] A transparência abre-nos à escuta das perguntas mais verdadeiras do coração humano e de toda sua saudade de beleza (VC 20), onde quer que ela se faça presente, para caminhar juntamente com todos na busca da Beleza que salvará o mundo.

Uma transparência fecunda

Como em Caná da Galiléia, nas nossas comunidades poderia acontecer de faltar vinho. O vinho é o sinal da alegria, da relação, "do sonho, da fantasia, do mistério, da festa",[16] da comunicação vital, da comunhão profunda.[17]

---

[15] Cf. A. Joos, "Civiltà di comunicazione", em *Rinnovato slancio apostolico 1989*, p. 91: "A transparência é agressiva, não pretende impor-se, não se dobra sobre si mesma, não se apresenta como auto-suficiente [...]. Numa palavra, a transparência se deixa penetrar. A transparência aparece como uma vulnerabilidade e como caminho de antecipação profética. Poderíamos defini-la como 'princípio de fraternidade nova'".

[16] Cf. L. Sebastiani, *Morale personale* (Casale Monferrato, Piemme, 1991), p. 99: "A festa entendida como tempo excepcional e intensificado valoriza o transcorrer dos dias tornando mais evidente a finalização escatológica. A festa nos recorda que o nosso ser é infinitamente maior do que o nosso fazer, ainda que neste ele se torne comunicável. Não se pode descobrir o sentido cristão da festa sem reencontrar em si mesmo o sentido do gratuito: contemplação, sonho, fantasia e mistério estão ligados, e não pode ser capaz de oração a pessoa desprovida dessas dimensões essenciais".

[17] Cf. A. Barban, *Cristo Gesù la novità di Dio* (Milano, Paoline, 1996), pp. 36-38.

Também no mundo freqüentemente falta o vinho da alegria, da fraternidade, do amor. "Eles não têm mais vinho" é a voz de Maria, mas é ao mesmo tempo a voz de quem não tem voz, é o grito dos povos, é o sofrimento vivido hoje, em várias formas, nos diversos cantos da terra. Uma vida consagrada a Deus e doada à humanidade se põe exatamente entre estas duas afirmações: "Eles não têm mais vinho" e "Fazei tudo o que ele vos disser". É a missão do coração orante e apostólico que sabe levar a Deus as necessidades, os sofrimentos e as esperanças da humanidade, e sabe gerar e comunicar ao mundo os desejos, os sonhos e a beleza daquele que é Amor, dedicando o tempo, as energias e a própria vida à causa do Evangelho. "Eles não têm mais vinho" é a oração de uma mulher, de uma mãe, de uma irmã da humanidade. "Eles não têm mais vinho" é a presença atenta, é o olhar penetrante que percebe aquilo que falta à alegria do coração humano. É a fecundidade que nasce de uma "Palavra meditada, assimilada, conservada no coração que nutre, transforma como o pão eucarístico, nos faz presenças vivas do Mestre e nos torna capazes, como Maria, de comunicá-lo ao mundo".[18]

Maria de Nazaré é o segredo da fecundidade[19] e o ícone-síntese da identidade dos consagrados chamados a comunicar a Bela Notícia. Em sua escola apren-

---

[18] Cf. G. Carrara, *Un nuovo mattino* (Roma, Casa Generalizia, 2000), n. 1, pp. 16-17.

[19] Idem, ibidem, p. 16.

demos uma transparência que *gera vida e o futuro*. Aprendemos a ser mulheres e homens contemplativos, capazes de perceber a passagem de Deus na história e que sabem assumir pessoalmente o crescimento na fé e na plenitude humana de todos aqueles que encontrarão de modo direto ou indireto pelas estradas do mundo.

Através das mulheres consagradas, Deus poderá também alcançar a humanidade na era da comunicação. O ministério do feminino não é somente gerar o homem; é também lhe revelar a verdade sobre si, aliás, "revelá-lo a si mesmo" no relacionamento com o Senhor e com o outro, num modo todo feminino de ser em relação.[20] A consagração e missão será, na cultura global, sinal de vida, gratuidade, delicadeza, beleza de que tanta necessidade tem o mundo.

A cultura da imagem provocou uma reviravolta dos valores. Mais do que à inteligência e à razão, ela se dirige à esfera emotiva do ser humano. E porque na mulher são particularmente desenvolvidos sentimento e amor, intuição e criatividade, adaptabilidade e capacidade de persuadir, ela encontra no mundo da comunicação um grande espaço para aplicar os dotes próprios da natureza.

---

[20] Cf. M. Tondo, *Donna profezia e futuro* (Milano, Paoline, 1997), pp. 87-94: "Em que Maria é ícone do feminino na relacionalidade? Antes mesmo de encontrar possíveis respostas, experimentemos perguntar-nos sobre o significado do feminino do 'ponto de vista' de Deus a partir do fato de Ele escolher uma mulher para nela encontrar a humanidade. A mediação de Maria nos dá o sentido do feminino para Deus como sacramento através do qual alcançar todos os homens. Pensar e dizer mulher é, para a sabedoria eterna de Deus, encontro, comunicação, relação, reciprocidade".

No futuro da comunicação a intuição feminina será necessária, mais do que nunca, para abrir o caminho ao Evangelho a fim de que ele possa alcançar o que é fraco, frágil e indefeso. E hoje, tanto quanto naquela época, o Senhor ressuscitado poderá envolver as situações mais difíceis através do amor evangélico das mulheres consagradas com a ternura amante da sua misericórdia.

Só quem faz a experiência de ser acolhido e amado gratuitamente pode cantar a alegria de um amor sem limites, de um amor que não pára diante do mal, da rejeição, da negação, da traição, da indiferença, do ódio e da desesperança. Entremos decididamente neste Amor que ternamente nos envolve, perdoa, cura, escuta, e deste amor partamos para anunciar quanto é belo descobrir e ser amados além de todo mérito, e todo erro, e toda culpa. No amor do nosso Deus podemos renascer de novo como criaturas novas. Renascer do alto, do rosto feminino e materno de Deus, para anunciar ao mundo a esperança de um amor que jamais se cansa de nós. Com este Amor, olhemos para o futuro no qual o Espírito nos projeta a fim de construirmos aquela grande história que Deus espera de nós (VC 110).

4.2. A fonte criativa da comunicação a serviço do Evangelho

O nosso tempo é caracterizado por uma estranha qualidade: "Na comunicação nada é deixado como antes". O virtual e a ficção comunicativa não fazem senão construir alguma coisa que vai além da experiência e além dos dados possuídos na memória. Tudo o que antes parecia ilusão hoje adquire importância, exatamente pela capacidade de desvelar intuições sem precedentes que vão além daquilo que pode ser engaiolado pela própria razão. Na cultura da comunicação, rica de impulsos criativos, de ímpetos de pesquisa e de livres expressões, a precedência é deixada ao imaginário, à fantasia, aos sentimentos, ao sonho, à poesia, à linguagem simbólica. "Lá onde reinava a palavra impossível, hoje reina a palavra 'tentemos'".[21]

A chave do futuro...

A chave do futuro parece ser o sonho.[22] O sonho liga o humano com o ideal, impelindo experiência cotidiana rumo a horizontes inexplorados.[23] É talvez este tempo um momento favorável para o sonho de Deus e para o sonho de todo coração?

Normalmente as nossas ações, inclusive as mais simples e velozes, nascem e vêm à luz depois de te-

---

[21] Cf. M. C. Carnicella, *Comunicazione ed evangelizzazione nella Chiesa* (Milano, Paoline, 1998), p. 145.

[22] Cf. P. Babin, *La catechesi nell'era della comunicazione* (Torino, Elle Di Ci, 1989), p. 26: "Se sois capazes de sonhá-lo, sois capazes de fazê-lo. O que faz um japonês quando quer construir um carro? Em primeiro lugar ele o sonha. Estamos passando da deusa da razão à deusa da imaginação. A imaginação ao poder, gritavam os estudantes de 1968. A fonte da comunicação é o sonho".

[23] Idem, ibidem, p. 26.

rem sido concebidas na parte virtual[24] da nossa vida: a imaginação.[25] "O ainda não, concebido na imaginação, é o virtual daquilo que ainda não existe, mas que poderia estar aí."[26] Por muito tempo esta parte criativa e dinâmica foi deixada um pouco de lado, mas graças à cultura da comunicação alcançou os cumes da cotidianidade, do trabalho e de toda linguagem simbólica. Beleza, harmonia, sensações positivas, símbolos e criatividade nascem da imaginação, que, por sua vez, põe em profunda comunicação aquilo que pensamos com aquilo que sentimos.

---

[24] Virtual = neste caso, o significado está mais perto daquele tipo de experiência mais próxima da interioridade. Qualquer coisa que não se pode ver, nem tocar, mas que existe e habita na imaginação. Uma realidade imaginada está presente como imagem, mas está realmente presente. De fato, depois é possível ver o fruto da imaginação na criatividade, na arte, na poesia, na eletrônica. Os influxos provenientes da imaginação são reais sobre o nosso corpo e sobre a nossa psique, sobre o mundo que nos circunda.

[25] Cf. S. Babolin, *Produzione di senso* (Roma, Gregoriana, 1992), p. 97: "Definição da imaginação. *Concepção negativa*: é típica daqueles que separam os sentidos da razão. É considerada a 'louca da casa" pela impossibilidade de submetê-la ao controle da racionalidade; esta concepção é muito freqüente na filosofia racionalista; é a serva do intelecto, enquanto fornece os dados das coisas percebidas, sobre os quais o intelecto pode trabalhar para produzir conceitos. *Concepção positiva*: é típica daqueles que distinguem mas não separam; então reconhecem à imaginação um papel positivo seja no processo cognitivo, seja naquele projetual; por isso *a imaginação é vista como 'a fonte da criação artística'*. Para Kant, o ideal do belo coincide com o ideal da imaginação. Kant liga o belo com a imaginação. O imaginário é constituído pelos produtos da imaginação, os quais formam um conjunto de imagens e portanto um mundo de representações e pulsões".

[26] Cf. A. Joos, *L'aspetto cristinomico-comunicazionale dei voti nella società del post-moderno* (Relazione per le FSP, 1999), p. 14: "Do imaginário da novidade ao ainda não da 'virtualidade'. A virtualidade se encontra no próprio Deus: [...] na idéia eterna havia virtualmente não só a sua limitação (da criatura), mas ainda a sua queda [...]. Comunicacionalmente, o virtual nos ensina algum caminho para incentivar 'humanamente' a perspectiva evangélica".

Parece um jogo de palavras, mas na realidade *somos e fazemos aquilo que imaginamos.* As imagens que "imaginamos" constroem o nosso imaginário.[27] Negar o imaginário, a força da imaginação e da fantasia, em nome do realismo, é como negar a própria vida[28] e o Autor da vida.

Uma energia positiva

A imaginação é uma energia a ser liberada continuamente na vida de cada dia. Ela nos dá a possibilidade de caminhar onde não há estradas, de ver o belo onde há o feio, de compreender o significado de algumas situações onde não há mais palavras, de viver também em ambientes aparentemente pesados e difíceis[29] com alegria e harmonia.

A imaginação é, em outras palavras, a plataforma que *impele para novas pesquisas,* para novas linguagens que dão cor e calor à vida. "Desenvolvendo

---

[27] Cf. S. Babolin, *Produzione di senso,* cit., p. 98: "O imaginário tem uma espessura e uma amplidão, porque é constituído pelos produtos da imaginação. Pela ação do imaginário, a nossa psique recupera sempre um seu equilíbrio. Isso, pela vontade de viver. Não há ruptura entre imaginário e racional".

[28] Cf. A. Joos, *L'aspetto cristonomico e comunicazionale dei voti nella società del post-moderno,* cit., pp. 29-30: "Durante gerações temos sido hostis às possibilidades do imaginário porque assim incontrolável. *A aposta evangélica* da fé cristã *apóia-se amplamente sobre o imaginário da antecipação,* dos sonhos e das imagens".

[29] Cf. R. Benigni, *A vida é bela* (filme). Neste filme, a força criativa da imaginação se torna uma modalidade de amor que chega até o dom da vida. Num ambiente nazista em que era impossível qualquer forma de vida humana, o amor escolheu o caminho da *kénosis* imaginativa para transformar o horror em jogo, a morte em vida, a violência em ternura.

UM AMOR CRIATIVO: A DIMENSÃO COMUNITÁRIO-APOSTÓLICA DA CASTIDADE

a nossa imaginação, como lâmpada da mente e terceiro olho, poderemos talvez encontrar a chave para responder ao nosso futuro com criatividade."[30] A imaginação é também "um desejo que se deve educar",[31] que se deve tanto levar à luz como abrir ao mundo, a Deus. Por isso o seu desenvolvimento precisa de tempo, de permuta, de escuta, de diálogo, de coragem, de risco, de respeito, de amor libertador, de alegria, de interioridade profunda, de Deus. É preciso libertar e educar a imaginação para preparar e acolher o futuro[32] que vem ao nosso encontro a partir de cada realidade, de cada pessoa, de cada cultura, de cada tempo.

A castidade consagrada na era da comunicação se torna uma contínua abertura para a novidade e para a capacidade de transformar as ruas sem saída do real encurvado sobre si mesmo em ruas com saída onde se torna possível abrir a realidade à dimensão do Mistério, à percepção da presença de Deus. Encon-

---

[30] Cf. B. Capalbo, *Arte creativa della conduzione* (Conferência no VII Capítulo Geral FSP, 1995): "Um mundo virtual está diante de nós. Para entrar neste mundo, temos necessidade de um cérebro predisposto a pensar de um modo novo, em termos de interatividade, de multimedialidade, de linguagens integradas, de imagens faladas e escritas que viajam no espaço, que modificam o modo de trabalhar e de se relacionar. *A imaginação é um instrumento criativo de organização.* Imaginar e depois continuar imaginando como poderia ser o nosso modo de viver a unidade e o pluralismo de um modo organizado".

[31] Cf. A. Delzant, *La communication de Dieu* (Paris, 1978), pp. 32-34.

[32] Cf. G. Alberione, *Santificazione della mente*, cit., p. 84: "*A imaginação prepara o futuro* e torna quase palpáveis e reais as coisas do porvir. A tocha da imaginação ilumina o caminho que, no entanto, farás com passo resoluto e olho firme. A imaginativa criou invenções, preparou os heróis, deu asas para os maiores vôos e ascensões dos santos. Mente, coração e vontade unidos, com raízes afundadas no passado, com a imaginativa que torna o futuro um paraíso mais real do que a nossa própria existência".

trar soluções novas é o resultado da capacidade de imaginar, de sonhar, de crer também no impossível que Deus pode realizar no coração de cada um de nós e de torná-lo real.

Toda a nossa história é uma contínua combinação entre sonho e realidade, entre imaginação e realização, entre impossível e possível, entre fé e cotidianidade. Quando a oração se torna o lugar do verdadeiro encontro com Deus. Ele, então, poderá comunicar os seus sonhos e escutar os nossos. O diálogo constante entre o Pai e Jesus foi um tempo de amor e de comunicação profunda dos próprios sonhos; juntos eles sonharam e juntos pagaram o preço da hora sexta. A hora em que foi realizado o sonho do Pai: fazer de Cristo o coração do mundo. Parece uma contradição, mas *na hora sexta o sonho desposa para sempre o mistério da Páscoa*. Deus tanto amou o mundo a ponto de permitir que Jesus "amasse os seus até o fim". E para aquele sonho comum, Jesus deu a sua própria vida. Nessa perspectiva é possível compreender aquelas últimas palavras antes da sua hora: "Desejei ardentemente comer convosco esta ceia pascal antes de partir" (Lc 22,15). O desejo de realizar o sonho do Reino foi tão forte que superou com o amor todo ódio e toda violência.

Jesus é o Mestre que sabe conjugar, no amor casto, sonho e realidade, imaginação e ação, paixão e sofrimento. Nesta era da comunicação que alimenta os sonhos e a imaginação, somos chamados a viver a profecia da castidade que permite conhecer e explorar toda a realidade comunicativa com envolvimento emotivo[33] e maior capacidade de discernimento e liberdade interior, ascese e escolha.

Uma redescoberta vital

O imaginário é uma potencialidade tão rica, tão profunda, mesmo que às vezes desordenada e imprevisível, que não se servir dele significa rejeitar o seu próprio dinamismo. Mas o que pode nos dar essa "explosão" do religioso, do afetivo, do imaginário? Força, criatividade e gosto pela vida. Pode nos fazer reconhecer as formas mais variadas de beleza em qualquer lugar em que elas se encontrem, a fim de que, vistas, reconhecidas e apreciadas, possam tornar a vida mais bela. Redescobrir a poesia que nasce da imaginação é fazer nascer a primavera depois de um longo inverno em cada realidade, inclusive a mais simples; é saber ler, na natureza e na beleza, os sinais do amor infinito de Deus para o homem e a mulher de todo tempo.

A castidade comunicativa é uma vida redescoberta da poesia[34] de Jesus. Uma poesia que olha o mundo com estupor e admiração, que faz de um simples objeto ou fato da vida cotidiana uma parábola de dimensões universais, que abre para a realidade do mistério de amor do Pai. Redescobrir a função

---

[33] Cf. A. Joos, *L'aspetto cristonomico e comunicazionale dei voti nella società del postmoderno*, cit., p. 31.

[34] Cf. G. Alberione, *Santificazione della mente*, cit., p. 127: "O coração dará um bom contributo à mente, porque muitas coisas se revelam e se descobrem pelo amor. O poeta nos dá uma revelação que a ciência ignora completamente".

poética[35] em chave comunicativa significa *unir a "capacidade imaginativa e inventiva da pessoa" à voz interior do Espírito*. Isso através de um esforço de interpretação dos sinais por meio dos quais Deus comunica a sua presença à humanidade.

Uma fantasia e imaginação bem utilizadas podem dar vigor e formas novas à comunicação do Evangelho.

A fantasia a serviço do Evangelho

Hoje, na era da comunicação global, tende-se a dar maior valor ao sentimento e a superar o racionalismo. É por isso que também para crer parte-se mais da emoção e da imaginação do que dos conteúdos doutrinais.

É preciso libertar e educar a imaginação para abrir-nos à vida e ao Evangelho com paixão e dinamismo apostólico. Parece que uma das convergências entre o mundo bíblico e o mundo atual da comunicação esteja mesmo na nossa capacidade de imaginar, de abrir as portas da fantasia lá onde Deus vem nos visitar.[36] O Evangelho sem imaginação fica fechado, sem fascínio, esvaziado da sua energia vital e de toda força comunicativa. Assumir o Evangelho na cultura

---

[35] Cf. M. C. Carnicella, *Comunicazione ed evangelizzazione nella Chiesa*, cit., pp. 145-152.

[36] Cf. A. Joos, *L'aspetto cristonomico e comunicazionale dei voti nella società del post-moderno*, cit., p. 30: "*O imaginário se torna espiritualidade* para a pessoa que não a tinha mais. A substância da Bíblia: antecipar, no imaginário, aquilo que está vindo".

da comunicação global significa também assumir uma nova capacidade de imaginar e de pensar.

Comunicar o Evangelho hoje significa fazer descobrir a sua profunda carga poética e sensível. Utilizar ao máximo a capacidade fantástica de uma forma tal que se consiga ir além da evidência do concreto e do imediato, para perceber que vivemos não somente da realidade sensível, mas também de uma realidade imperceptível com os sentidos, mas perceptível com "o coração".

Deus é o único criador, mas podemos colaborar com Ele através da criatividade e da exploração de situações novas, impensáveis e impensadas. Não é possível comunicar o Evangelho sem ser de alguma forma "criadores", isto é, criadores de situações, de ocasiões, de comunhão, de diálogo e de amizade. Para isso é necessário fantasia e capacidade de relação.

A cultura da comunicação é a cultura da estimulação. Acabou a época em que comunicar consistia em um emissor transmitir conhecimentos a um receptor; na comunicação de hoje nos tornamos interlocutores. É preciso encontrar modalidades criativas para que a comunicação do Evangelho se torne, cada vez mais, um encorajamento a viver plenamente graças a um relacionamento pessoal e de livre adesão a Deus e de profunda partilha e comunhão com os outros.

Um talento precioso

Na era da comunicação global caem as linguagens abstratas e conceituais para deixar espaço a uma linguagem[37] que se nutre das formas e das "pulsões fundamentais da imaginação.[38] " A nova cultura gera no coração humano uma busca de entusiasmo e de mística, de alegria e de festa, de sentido e de amor, de transparência, de radicalidade, de necessidade de absoluto.

Isso significa que "podemos aprender mais nos bosques do que sobre os livros; as árvores e as rochas nos ensinarão aquilo que jamais poderemos aprender na escola dos mestres" (são Bernardo). A relação com Deus não é um fato abstrato ou que se refere sobretudo ao saber, mas hoje mais do que nunca o caminho privilegiado passa pela globalidade do sentido, do gosto, da imaginação,[39] do desejo e da fantasia. Uma espiritualidade comunicativa conduzirá a uma vida comunicativa à medida que o Evangelho toma forma, calor e cor em nossa vida, nossos sentidos, nossas escolhas, mas, antes, no ainda não dos nossos desejos, imaginação e fantasia.[40]

---

[37] Cf. A. Joos, *I consigli evangelici*, cit., p. 13: "Comunicar é sempre mais um sair das linguagens hermenêuticas sobre a fé, aprendendo as regras destas linguagens hoje nascentes. Se falará de metacomunicação".

[38] Cf. G. Durand, *L'immaginazione simbolica* (Roma, 1977).

[39] Cf. A. Joos, *I consigli evangelici*, cit., p. 13: "Superando a atitude repressiva em direção ao imaginário ou à sua demonização, discernindo nele o ponto de passagem 'espiritual' rumo a uma adesão empenhada e participativa. Descobre-se a dinâmica dos sonhos e das imagens: capacidade de imaginar mudando o mundo a partir de dentro".

[40] Cf. Inácio de Loyola, *Esercizi spirituali*, ed. por Piero Schiavone (Milano, Paoline, 1984), p. 91: "Ver com a vista da imaginação"; p. 119: "Os cinco sentidos da imaginação: ver com a vista imaginativa, ouvir com o ouvido imaginativo, odorar e degustar com o olfato e com o gosto imaginativo, tocar com o tato [...]".

A imaginação poderia ser para o nosso futuro um elemento a ser conhecido, aprofundado, desenvolvido. Um talento precioso que antecipa percursos proféticos para o Evangelho na cultura da comunicação global.

Em síntese

1. Um amor transparente

Do outro lado do vidro

O amor se realiza na comunidade e na atuação do apostolado (o hoje da comunicação). Eles representam o âmbito no qual se desenvolvem as nossas energias "consagradas ao Senhor", que devem ser doadas na transparência de vida. As palavras de Alberione, já mencionadas no texto, a esse respeito são claras:

> Mesmo que o sol seja esplêndido, se o vidro for embaçado, a luz não passa. O Evangelho é esplêndido: "Eu sou a luz do mundo"; mas se através de nós ele não passa bem porque o coração ou a vida não estão bem, o que acontecerá? Que responsabilidade quanto às conseqüências para a nossa vida e para o apostolado na prestação de contas que deveremos fazer a Deus.

O conselho evangélico da castidade abrange a totalidade da pessoa (pensamentos, sentimentos, ações) e se exprime também como transparência nas nossas comunicações. Pelo contrário, a opacidade na nossa pessoa, na linguagem, nas relações é um obstáculo ao nosso ser comunicadoras do amor de Cristo.

Uma transparência comunicativa

É constituída pela beleza que se exprime no cotidiano como harmonia, sensibilidade, fineza de ânimo nas relações, criatividade na oração, na ação apostólica, capacidade de surpreender-se, agir por amor e com paixão. A ternura e a misericórdia de Deus, na casa da nossa vida, nos levarão a ver pessoas e acontecimentos com os olhos de Jesus. Então o conselho evangélico da castidade dará frutos: liberdade dos falsos absolutos, abertura em relação à verdade, unidade de vida, força de viver e de anunciar Jesus. Quanto mais ele está em nós, mais o seu rosto brilhará nas nossas comunidades e na nossa vida. Resplandecerá a beleza de uma vida alegre, comunicativa, simples, entusiástica, dinâmica e à altura dos tempos. E a missão paulina fará transparecer aquela Beleza que também os homens de hoje buscam.

Uma transparência fecunda

Uma vida consagrada a Deus e doada à humanidade se põe exatamente entre estas duas afirmações: "Eles não têm mais vinho" e "Fazei tudo o que ele vos disser". É a missão do coração orante e apostólico que sabe levar a Deus os necessitados, os sofrimentos e as esperanças da humanidade e sabe gerar e comunicar ao mundo os desejos, os sonhos e a beleza daquele que é Amor, dedicando o tempo, as energias, a própria vida à causa do Evangelho.

"Eles não têm mais vinho" indica presença atenta, como a de Maria; manifesta o olhar penetrante que percebe aquilo que falta à alegria do coração humano; exprime a fecundidade que nasce de uma "Palavra meditada, assimilada, conservada no coração, que nutre e transforma como o pão eucarístico, tornando-nos presenças vivas do mestre e capazes, como Maria, de comunicá-lo ao mundo" (G. Carrara). Na escola de Maria aprendemos uma transparência totalmente feminina, geradora de vida e de futuro.

2. *A fonte criativa da comunicação a serviço do Evangelho*

Na linguagem corrente da comunicação, especialmente com a introdução da expressão "realidade virtual" e através da crescente criação de significado com os símbolos, os termos "imagem", "imaginação" e "imaginário" estão cada vez mais presentes na literatura de âmbito sociológico e nos comportamentos e formas atuais de relacionar-se, fruto também dos estímulos recebidos dos meios de comunicação. Esta terminologia revela uma *experiência de interioridade*: algo que não se pode tocar, mas que existe e habita na imaginação. De fato, é possível ver o fruto da imaginação na criatividade, na arte, na poesia, na eletrônica. A concepção positiva da imaginação é vista também como "a fonte da criação artística" (por exemplo, quando vemos uma escultura de Bernini, podemos perceber a imaginação do autor "corporificada" num bloco de mármore; o mesmo ocorre com relação à literatura, à música, ao cinema etc.).

Por isso a imaginação é uma energia positiva a ser liberada continuamente na vida de cada dia. É também a *plataforma* que impele para novas pesquisas, novas linguagens que dão cor e calor à vida; nos impele à criatividade. É preciso liberar e educar a imaginação para preparar e acolher o futuro

> e tornar palpáveis e reais as coisas do porvir. A tocha da imaginação ilumina o caminho [...]. A imaginativa criou invenções, preparou os heróis, deu as asas para os maiores vôos e ascensões dos santos. Mente, coração e vontade unidos, com raízes afundadas no passado, com a imaginativa que torna o futuro um paraíso mais real do que a nossa própria existência.[41]

Na castidade consagrada se entrecruzam desejos e realidade. Jesus é o Mestre que sabe conjugar, no amor casto, sonho e realidade, imaginação e ação, paixão e sofrimento. O "sonho" é a aspiração, o desejo do Pai. Em Jesus, o desejo de realizar o sonho do Reino foi tão forte que superou com o amor todo ódio e toda violência.

Nesta era da comunicação, que alimenta os sonhos e a imaginação, somos chamados a viver a profecia da castidade que permite explorar toda realidade comunicativa com o envolvimento emotivo (energia para o apostolado) mantendo a capacidade de liberdade interior, de ascese e de escolha.

---

[41] Alberione, *Santificazione della mente*, cit., p. 84.

O imaginário possui uma potência simbólica muito rica e imprevisível, um verdadeiro dinamismo da própria vida. É uma irrupção do religioso, do afetivo, do imaginário que nos dá força, criatividade e gosto pela vida. A acolhida desses aspectos da nossa psique nos faz compreender que a relação com Deus não é um fato abstrato ou que se refere ao saber, mas perpassa a globalidade dos sentidos e da imaginação. Uma imaginação bem utilizada pode dar vigor e forma nova à comunicação do Evangelho. Comunicar o Evangelho hoje significa fazer descobrir a sua profunda carga poética e sensível, para ajudar a ir além do imediato e realizar aquela realidade que é imperceptível com os sentidos e perceptível com o coração.

No mundo da comunicação atual, onde a imagem é uma das características principais, toda pessoa é chamada a se questionar sobre como "alimenta o próprio imaginário". O ser humano vive como que em dois mundos: o da cotidianidade (deveres, trabalho, escola etc.) e o do "sonho" (aspiração, fantasia etc.). Na sociedade atual, quem faz a ponte entre esses dois mundos é a TV (também o vídeo, o cinema etc.), ou seja, quem estimula o "imaginário" da pessoa é a imagem.

A imagem "alimenta", "estimula" no sentido de viver um mundo que não é palpável para a pessoa que o vê, mas gratifica e satisfaz. Basta recordar como no filme *A vida é bela*, de Benigni, o pai "alimenta" o imaginário do seu filho para mantê-lo longe da realidade brutal, na qual ele estava imerso. Da imagem que se vê surgem significados simbólicos que se encontram com aspectos da nossa realidade cotidiana.

Assim, através da imagem, sentimo-nos "identificados" com a realidade que vemos. Esta identificação suscita em nós, por exemplo, tanto alegria, ternura, aspiração ao bem e à doação, como saudade, solidão e violência. Eis por que algumas coisas que vemos nos causam tanto "prazer", e outras tanta rejeição.

Para a reflexão pessoal

✓ Releio o texto com atenção, deixando-me penetrar pelos mesmos sentimentos de Jesus, e *enumero os pontos principais* que me interpelam a viver a castidade consagrada na dimensão comunitário-apostólica como ela foi apresentada no texto.

✓ Comparo o texto com os artigos das *constituições da congregação* sobre a castidade e experimento como o amor pode ser transparente, inventivo, comunicativo, para "fazer-nos, como são Paulo, tudo para todos para o Evangelho, com coração indiviso", para um "lançar-nos juntos ao nosso dinamismo apostólico" (cf. 38). Presto atenção na opacidade que pode existir na minha pessoa, na linguagem, nas relações. Esta opacidade constitui um obstáculo à transparência comunicativa e fecunda.

✓ Experimento avaliar as *motivações* que me impelem a viver como Jesus uma transparência comunicativa e fecunda no dom total de mim ao Pai e à humanidade, através do amor. Confronto também a motivações que me impedem de considerar como energia positiva "a imaginação inventiva" para o apostolado. Neste tempo de predomínio da imagem, pergunto-me: "Como alimento o meu imaginário?" (por exemplo, com o "sonho" pelo Reino de Deus, ou com a "satisfação" de programas dos *mass media* que somente me "gratificam"). Pergunto a mim mesmo: "*Quem* e *o quê* realmente alimenta a minha imaginação?".

✓ Concluo com um diálogo com Jesus Mestre.

Em comunidade

✓ Partilhemos as reflexões pessoais e os apelos do Senhor num encontro comunitário organizado mensalmente.

✓ Discorramos sobre o tema deste Capítulo: "A dimensão comunitário-apostólica da castidade". O que realmente significa viver um amor inventivo no atual mundo da comunicação? Quais são os requisitos indispensáveis para viver Jesus Cristo casto, nas possibilidades e nos desafios que nos apresenta a comunicação social hoje?

✓ Seria importante olhar para a comunidade, para a qualidade da nossa relação e amor fraterno, e para a nossa criatividade apostólica. Como usamos a nossa imaginação? Colaboramos com Deus através da criatividade na doação das nossas energias, na exploração de situações novas e impensadas, para o Evangelho?

✓ Troquemos idéias também sobre a escolha dos nossos programas televisivos. Que impacto têm em nós as imagens que vemos? Como "alimentam" o nosso imaginário? Que valores reforçam dentro de nós? Ou que "satisfação puramente emocional" nos trazem?

✓ No fim do encontro, assumamos um compromisso e determinamos um tempo para a avaliação.

Espaço criativo

O espaço em branco a seguir é símbolo daquele espaço novo que está se abrindo na nossa vida. Deixe que a sua fantasia se exprima com criatividade. Se quiser, pode usá-lo para a sua reflexão, para as suas idéias novas.

Capítulo 5

UM SINAL DE ESPERANÇA

A dimensão comunitário-apostólica
do conselho da pobreza

A pobreza consagrada na linha cristológica da *kénosis* (Fl 2,6-11) é um abandono completo da vida nas mãos do Pai. Isso implica um viver na confiança, chave de todo crescimento humano e espiritual.

A confiança é a base na qual se enxerta a pobreza paulina que Alberione delineou como sinal credível de vida evangélica, numa visão totalmente positiva. Uma pobreza baseada sobre o grande valor do trabalho criativo e dinâmico que *renuncia, produz, conserva, provê, edifica*.

A pobreza evangélica impele a tornar-nos cada vez mais homens e mulheres de comunicação a partir das nossas relações comunitárias e apostólicas. Abre-nos a um processo comunicativo que vai rumo a tudo e a todos. Na era da comunicação, somos chamados a ser pessoas fortes na fraqueza, dialogantes na diversidade, verdadeiras no amor, que como Paulo confiam totalmente em Deus: "Basta-te a minha graça" (2Cor 12,9).

A pobreza comunicativa pede que sejamos uma "presença" pobre: capazes de esvaziamento de si, para caminhar na via da colaboração e da comunicação. Assim a *Palavra* encontrará todo o seu espaço e a sua criatividade para ser anunciada.

Percurso

1. Pobreza: mistério de aniquilamento

   A vida nas mãos de Deus

   A confiança relacional

   Uma verdade libertadora

   Fruto do trabalho.

2. A pobreza abre o processo comunicativo a tudo e a todos

   Um caminho diferente

   Um saber pobre

   Um laboratório de antecipação evangélica

   A busca

   Uma presença pobre a serviço do Evangelho.

5.1. Pobreza: mistério de aniquilamento

Mas quem é o pobre? Pobre, segundo o conselho evangélico, é aquele que, movido pelo amor, escolhe vender tudo quanto possui, dá-lo aos pobres e seguir Jesus no seu mistério de amor e de serviço até o aniquilamento total, a fim de preparar com Ele um mundo mais belo e doar a todos uma vida mais plena. Em Jesus, a pobreza é um estilo de vida: de rico que era se fez pobre e aniquilou a si mesmo tomando a forma de servo para enriquecer-nos com a sua pobreza.[1]

A pobreza nasce de uma perene contemplação da vida do Senhor Jesus e da participação vital ao seu caminho para sentir os seus sentimentos e chegar a dizer como Paulo: "Eu vivo, mas não eu: é Cristo que vive em mim" (Gl 2,20). Reviver o amor que Jesus viveu, a sua experiência de fé, a sua esperança significa escolher ser pobres para viver radicalmente o Evangelho. A Deus nada é impossível e, junto dele, todo rico pode se tornar pobre como Jesus. É só Deus que pode nos transformar em *outro Jesus* e, como Jesus, viver uma vida pobre, humilde, laboriosa, dedicada ao serviço aos outros.

A pobreza evangélica é o rosto mais profundo da vida consagrada, porque esta última, tirando toda segurança e toda sustentação, repõe em Jesus[2] toda confiança. Em Jesus Deus se despoja da sua divindade e na *kénosis* alcança o homem de cada tempo e de cada lugar para fazer-se companheiro no amor.[3]

Jesus teve sempre de afrontar as diversas situações com autênticas escolhas de pobreza e de liberdade que

---

[1] Cf. *Lumen gentiun*, n. 8.

[2] Cf. Ef 1,3.

[3] Cf. Js 1,9.

lhe pediram para superar o medo[4] e arriscar-se sempre num total e *confiante abandono* nas mãos do Pai.

A vida nas mãos de Deus

Como Jesus, também nós fomos feitos para viver e crescer na confiança e na pobreza que faz de Deus um Pai e do outro um irmão (cf. Lc 15). Mas Deus conhece o coração dos seus filhos e sabe que muitos medos habitam o viver cotidiano. Esses medos nos revelam quanto o ser humano é frágil, quando em sua nulidade ele é um ser necessitado da presença de Deus[5] e das pessoas que o Senhor coloca perto de nós. Esta condição humana, se vivida com abertura e confiança, abre à esperança, ao risco,[6] ao amor respeitoso, à partilha, à proximidade, à comunicação e à comunhão.[7] A confiança revela-se assim a chave de todo crescimento humano e espiritual.

Nesta perspectiva podemos reler também o firme pedido de Alberione à Família Paulina de uma total confiança em Deus como pressuposto fundante da presença consagrada e apostólica no mundo da

---

[4] Cf. P. Gamberini, "La comunicazione in prospettiva cristologica", in *Rassegna di Teologia*, 2000, n. 1, p. 39.

[5] Cf. G. Alberione, *Abundantes Divitiae gratiae suae*, n. 16.

[6] Cf. A. Joos, *Adorare Dio, una scommessa col mondo* (Roma, Vivere in, 1990), p. 67: "A pobreza 'de esperança' consiste no tentar todos os caminhos para fazer transparecer ao mundo a presença de Deus inserindo na nossa vida o vínculo da pobreza".

[7] Cf. *Vida fraterna em comunidade*, n. 32.

comunicação. Sem a dimensão do Absoluto, sem a esperança num Deus que nos carrega, nos sustenta e nos acompanha, a vida é menos vida e a pessoa é menos pessoa. Jesus nos amou tornando-se totalmente pobre, também em relação à sua própria vida. A relação fundante com Ele e a abertura relacional constituem uma contribuição insubstituível para viver a pobreza evangélica na confiança em todas as suas diversas dimensões. Quem é habitado pela confiança levanta os olhos em direção à vida inventando, todo dia, coisas novas. A contemplação, o dinamismo, a liberdade dependem todos da confiança que temos no coração e que derramamos sobre o nosso modo de entrar em relação.

A confiança, portanto, permite ser expressivos, liberar as energias disponíveis para a criatividade; admirar-se, ver com olho novo e inventivo os acontecimentos cotidianos, inclusive os que parecem banais.[8] A confiança orienta as energias para o real crescimento da pessoa, aumentando a sua capacidade contemplativa, relacional e comunicativa.

A confiança relacional

A relação faz emergir o medo de se aventurar num terreno novo, onde sofremos ferimentos.[9] En-

---

[8] Cf. G. Colombero, *Dalle parole al dialogo, aspetti psicologici della comunicazione interpersonale* (Milano, Paoline, 1987), p. 69.

[9] Cf. G. Colombero, *Dalle parole al dialogo, aspetti psicologici della comunicazione interpersonale*, cit., pp. 69-70.

contrar o rosto do outro pode deixar alegria, serenidade, gratificação, paz, mas pode também deixar amargura, tristeza, humilhação. Então, como viver a pobreza consagrada num carisma que deveria levar-nos a partilhar a vida[10] com todas as suas dificuldade e alegrias, que deveria abrir-nos à comunhão e à colaboração apostólica entre nós e com todos?

"Sabemos todos que nenhuma pessoa é uma ilha". Ninguém pode estar bem, crescer, alcançar a plenitude da sua pessoa, exprimir ao máximo as suas qualidades e viver a alegria se não entra em comunhão com os outros. Isso vale para toda dimensão da nossa vida. As nossas qualidades, dons, apostolado, estudo, a oração, a relação com Deus são vazios de significado se não levarem consigo a comunicação e a comunhão com as irmãs da própria comunidade[11] e com todas as pessoas que encontramos ao longo da missão.

Mas como podemos realizar o milagre da unidade se não acolhemos a verdade de nós mesmos, na

---

[10] Cf. A. Martini, *La Figlia di san Paolo sulla via dei consigli evangelici in un mondo di comunicazione* (Relazione alle FSP, 1999), p. 24: "Tudo aquilo que entra na partilha é parte da pobreza madura: partilhar as alegrias, os sofrimentos, as fadigas; participar ativamente com os meios possíveis a cada uma, da pesquisa, da elaboração, da realização e da avaliação dos programas apostólicos; pôr entre os bens comuns, a serviço da missão do instituto, o que cada uma produz ou recebe; partilhar com alegria e simplicidade as riquezas da nossa pessoa com os seus dons de natureza, graça e cultura; partilhar a fé e a Palavra de Deus".

[11] Cf. *A vida fraterna em comunidade*, n. 44: "A profissão religiosa é expressão do dom de si a Deus e à Igreja, mas de um dom vivido na comunidade de uma família religiosa. Há *uma convergência de sim a Deus*, que une os vários consagrados numa mesma comunidade de vida. Consagrados juntos, unidos no mesmo 'sim', unidos no Espírito Santo, os religiosos descobrem, cada dia, que o seu seguimento de Cristo 'obediente, pobre e casto' é vivido na fraternidade, como os discípulos que seguiam Jesus no ministério".

harmonia interior, e não nos abrimos à estima e à valorização do outro?

Uma verdade libertadora

Dentre as definições atuais sobre a pessoa, estas parecem ser as mais significativas: a pessoa é encontro, sujeito de relações, estrutura de comunhão, confluência de ser e comunicação, "um eu que vem a ser, mediante o tu".[12] "Tantas palavras para dizer que a pessoa vive e se torna tal à medida que se abre à relação."[13] A comunicação é pão de vida, porque no verdadeiro comunicar tocamos algo da presença de Deus e do mistério da própria vida. Para comunicar na verdade e no amor, o conselho de pobreza nos pede, hoje mais do que nunca, para viver a verdade de si abandonando cada dia atitudes de superioridade, de indiferença e de inflexibilidade, pois elas fecham à comunhão.[14]

Cada dia o Senhor nos pede para vigiar sobre o nosso modo de estar presentes na comunidade e no

---

[12] M. Buber, *L'io e il tu* (ed. orig. de 1923; ed. bras.: *Eu e Tu*, São Paulo, Cortez e Moraes, 1979): "Quem diz 'Tu' está em relação. A palavra base *Eu-Tu* podemos pronunciá-la somente com todo o nosso ser. Eu me faço no Tu, e, fazendo-me, digo Tu. Toda vida afetiva é encontro".

[13] Cf. D. Mongillo, *Il voto dei consigli evangelici: aspetti teologico-morale*, cit., p. 9: "A sinceridade do autodom não pode ser avaliada somente à luz daquilo que executamos; ela implica uma explícita referência ao mundo das relações nas quais o operar se concretiza".

[14] Cf. A. Martini, *La Figlia di san Paolo sulla via dei consigli evangelici*, cit., p. 24: "O voto de pobreza, vivido reforçando as atitudes do *partilhar*, torna-se uma via privilegiada para libertar-nos do instinto de posse e de domínio e, enquanto nos faz amadurecer na liberdade interior, nos educa para a gratuidade, a construir ligações livres de qualquer posse, poder ou interesse".

mundo para não cair em algumas tentações difíceis de descobrir com clareza. Reconhecendo à luz do Senhor as defesas bloqueadoras, é possível pedir ao Senhor a sua ajuda para crescer na misericórdia e na pobreza comunicativa que comporta um abandono consciente de toda barreira que pode distanciar-nos dos outros.

Esse tipo de pobreza é muito mais exigente, porque toca a pessoa num modo muito profundo. É fácil deixar alguma coisa, mas deixar a si mesmo é a mais alta montanha a ser escalada. Isso implica *um sim total à confiança*, como acolhida num espaço criado na própria interioridade, onde podemos nos mover como se estivéssemos em nossa própria casa, sem medo, aceitando positividade e limites; como simplicidade, como presença sincera e transparente, familiar e verdadeira; como comunicação de certeza nas possibilidades dos outros.[15] A consciência e a acolhida da verdade sobre si ajudam-nos a compreender também a verdade dos outros com coração humilde e reconhecido, aberto e flexível, vivendo a reciprocidade, acolhendo e apreciando a diversidade.

Apreço

A confiança é apreço, comunicação de positividade e de alegria. A pessoa que sabe apreciar identifica em

---

[15] Cf. T. Merlo, *Un cuor solo e un'anima sola* (Conferenza-meditazioni 1954-1963, Paoline, 1993), pp. 172-173; 37/4: "Falar sempre em bem. Se começarmos a pensar bem de todos, amar todos, então isso produz palavras boas, de compaixão, de ajuda. É melhor errar pensando bem do que errar pensando mal: no primeiro caso não teremos de prestar contas ao Senhor. É preciso primeiro pensar e depois falar. É preciso que nos estimemos mais".

todas as coisas e em primeiro lugar os aspectos mais belos, deixando para depois os mais discutíveis. Antes aquilo que une e depois aquilo que pode ser diferente ou que pode criar alternativas. Apreciar é o gesto mais gentil do amor. Apreciar é compreender o verdadeiro valor das coisas e das pessoas. O apreço favorece a estima, conduz à colaboração e a uma partilha profunda.

Mas, para apreciar, é preciso um coração livre de si mesmo, uma mente aberta à novidade, um caminho espiritual.[16] O apreço, o alegrar-se pelo sucesso do outro, é sinal de grande maturidade humana e expressão de profundidade espiritual.

Empatia

A confiança se exprime ao máximo na empatia, isto é, na capacidade de deixar-se envolver até o fundo da vida, sofrendo com quem sofre e participando da alegria de quem se alegra. A empatia é uma das atitudes mais humanas e evangélicas.[17] Jesus, colocando-se na perspectiva total e radicalmente humana,[18]

---

[16] Cf. M. Rupnik, *Dall'esperienza alla sapienza, profezia della vita religiosa* (Roma, Lipa, 1998), p. 58: "O alegrar-se pelo sucesso de um outro é um indicador irrefutável da nossa vida espiritual".

[17] Cf. A. Bissi, "La misericordia cammino di liberazione umana e spirituale", em AA.VV., *Misericordia Volto di Dio e dell'umanità nuova* (Milano, Paoline, 1999), pp. 147-196: "Falar de misericórdia é referir-se a uma realidade que interessa a todos e que a todos envolve e interpela. Se apenas tivéssemos a coragem de fazer-nos perguntas a esse respeito aos nossos desejos mais intensos e profundos, muitos, ou talvez todos, faríamos referência a um amor fiel e gratuito, capaz de bondade e de perdão".

[18] Cf. C. Molari, *La vita del credente* (Torino, Elle di Ci, 1996), pp. 177-180.

quis olhar o mundo com os nossos olhos, sentir (cf. Fl 2,6-11) e amar com o nosso coração, caminhar com as nossas pernas, ensinando-nos todas as atitudes da confiança. Jesus nos ajuda a compreender que na misericórdia, na fidelidade ao amor, acontece a conversão do olhar. Na empatia e no amor misericordioso o olhar muda de horizonte, se alarga sobre a vida do outro. A capacidade de empatia e de transcendência, que caracteriza o amor misericordioso, deve ser acompanhada pela consciência da própria fragilidade; não é possível inclinar-se para o outro, que precisa da nossa compreensão e benevolência, com ar altivo e com senso de superioridade. A atitude confiante, empática e misericordiosa exige um dom generoso, um total despojar-se de si, como Jesus, que mesmo sendo Deus se fez servo, mesmo sendo rico se fez pobre e mesmo sendo crucificado se fez misericórdia. E "amou os seus até o fim" (Jo 13,1).

Confiança e pobreza são, portanto, dois termos em estreita relação. Viver a pobreza consagrada num carisma de comunicação implica necessariamente a passagem contínua *da confiança humana à pobreza evangélica*,[19] como acolhida cada vez mais profunda da própria pequenez e confiança total no Pai. A pobreza requer, com efeito, grande confiança na Providência e grande coragem para aprofundar o novo com o coração de Paulo, impelidas pelo único desejo de abrir caminhos inéditos ao Evangelho.[20]

---

[19] Cf. G. Alberione, *Abundantes divitiae gratiae suae*, nn. 151, 156, 158.

[20] Idem, ibidem, nn. 16, 151, 156, 158; cf. A. Martini, *La Figlia di san Paolo sulla via dei consigli evangelici in un mondo di comunicazione*, cit., p. 27.

Fruto do nosso trabalho...

Tiago Alberione, fundador da Família Paulina, delineou o projeto de vida para sua família religiosa, assinalando a pobreza como um sinal crível de vida evangélica, numa visão totalmente positiva. Freqüentemente ele impulsionava a Família Paulina a contemplar Jesus, sobretudo no período vivido na casa de Nazaré. Jesus trabalhou[21] como tantos outros jovens de sua idade, ajudou sua família, contribuiu com a sua fadiga e criatividade na construção de um mundo mais justo e fraterno baseado sobre o grande valor do trabalho.[22] Um trabalho criativo e dinâmico que continuamente: *renuncia, produz, conserva, provê, edifica.*[23]

Renúncia a toda segurança, ao próprio modo de ser para ser como Deus quer, relativizando coisas e pessoas para lançar-se na gratuidade que caracteriza a vida de todo apóstolo. Renunciar a administrar a vida e tudo aquilo que dela deriva, renunciar à indepen-

---

[21] Cf. *Gaudium et spes*, n. 67: "Com o seu trabalho o homem provê habitualmente o sustento próprio e o dos seus familiares, comunica-se com os outros, presta um serviço aos homens seus irmãos, pode exercer a caridade fraterna e colaborar no aperfeiçoamento da criação divina. Bem mais ainda. Pelo trabalho oferecido a Deus, cremos que o homem se associa à própria obra redentora de Jesus Cristo, que conferiu uma dignidade eminente ao trabalho, quando em Nazaré trabalhou com as próprias mãos. Segue-se daí, para cada um, o dever de trabalhar fielmente e também o direito ao trabalho".

[22] Cf. *Vita consecrata*, n. 27: "'Vem, Senhor Jesus' (Ap 22,20). Esta espera é 'bem outra coisa do que inerte': mesmo referindo-se ao Reino futuro, *ela se traduz em trabalho e missão*, para que o Reino já se torne presente agora através da instauração do espírito das Bem-aventuranças, capaz de suscitar também na sociedade humana instâncias eficazes de justiça, de paz, de solidariedade e de perdão".

[23] Cf. G. Alberione, *Ut perfectus sit homo Dei* (UPS I, 447).

dência em todas as suas manifestações mais sutis. Esse é um trabalho que não conhece descanso e que produz vida e desenvolvimento a partir precisamente do mistério pascal de Jesus. Trabalhando assiduamente e com o espírito do servo inútil, reconhecemo-nos devedores do que recebemos gratuitamente. A semente que morre *"produz* muito fruto"* (Jo 12,24) numa vida fecunda e num trabalho apostólico criativo. O fruto não dependerá da potência dos instrumentos usados ou das próprias capacidades, mas somente de Deus, do qual somos colaboradores.

A pobreza nos põe diante da necessidade de *conservar* tudo aquilo que nos é dado a cada dia: o pobre conserva no coração a Palavra, a esperança na Providência, a fé em Deus, o amor pelos irmãos e irmãs. Mas o pobre também tem cuidado para consigo mesmo, com sua saúde, com o bom uso da mente. Conserva a paz do coração, o sabor da vida, a comunhão fraterna, o criado, os instrumentos de trabalho, as vestes e o ambiente, faz um bom uso do tempo para construir um mundo mais justo e mais digno do seu Criador. Os bens que o Senhor nos dá — e que, ao mesmo tempo, são também fruto do trabalho das irmãs e irmãos — requerem, em virtude da pobreza evangélica, uma sábia e equilibrada administração a fim de que tudo possa responder às exigências da missão. Cada vez mais este será fruto de uma co-responsabilidade comunitária e congregacional, e não só um serviço desenvolvido por algumas pessoas competentes.

Nas basta conservar; é necessário *prover*. Como Deus opera sem interrupção, assim o pobre, como um pai ou uma mãe, provê trabalhando pelos seus filhos.[24] A pobreza consagrada, vivida na sua radicalidade de conselho evangélico, *edifica* em nós o Reino de Deus e torna-nos livres e disponíveis. Ela nos expropria de tudo, para que a nossa vida seja anúncio fecundo de Jesus. A pobreza edifica, pois evidencia no consagrado a Presença de Deus, única verdadeira riqueza e sentido pleno da existência humana. Deixar a Deus a gestão da nossa vida é doar ao mundo a força de edificar tudo e todos no amor.

5.2. A pobreza abre o processo comunicativo a tudo e a todos

A pobreza consagrada nos impulsionará a tornar-nos sempre mais mulheres e homens de comunicação a partir do tecido vital das nossas relações comunitárias e apostólicas. Relações que serão para todos fonte de vida,[25] se continuamente alimentadas pela confiança no Evangelho, pela confiança nas irmãs e irmãos, pela confiança,[26] enfrentando os novos desafios da cultura da comunicação.

---

[24] Cf. G. Alberione, *Ut perfectus sit homo Dei* (UPS I, 447).

[25] Cf. P. Gamberini, *La comunicazione in prospettiva cristologica*, cit., n. 1, p. 36.

[26] Cf. G. Colombero, *Dalle parole al dialogo, aspetti psicologici della comunicazione interpersonale*, cit., p. 71: "A história da humanidade se constrói com a confiança. Sem a confiança os homens não teriam construído nada, nem casas, nem diques, nem atalhos, nem pirâmides [...], porque a gente não se empenha em construir qualquer coisa, com exceção de fortalezas e trincheiras, se não confiamos em ninguém. Sem a confiança, os homens jamais teriam plantado uma árvore".

Um caminho diferente

Que pobreza então somos chamados a viver na era da comunicação, onde não se trabalha mais com as coisas, mas sim com as idéias, sons, virtualidades, imagens em movimento? Que trabalho? Que anonimato? Que ascese? A pobreza consagrada é, acima de tudo, uma imersão na *kénosis* de Deus. Uma comunicação radical do Deus pobre, indefeso, vulnerável, que se "des-possui" em seu indizível Amor. A questão das posses se esvai diante da prioridade de entrar na escola do Mestre pobre, que imerge totalmente no humano. Essa escola nos indica que tipo de presença devemos assumir para revelar ao mundo quem é Deus.

Deus é pobre, e a pobreza espiritual é afinidade com Deus. Em Cristo a pobreza não seria a de não possuir as coisas que se usam, mas a de não possuir aquilo que se é: "Cristo Jesus, mesmo sendo de natureza divina, não considerou como um tesouro a que se agarrar a sua igualdade com Deus, mas despojou a si mesmo" (Fl 2,6-11). Eis a infinita vulnerabilidade de Deus, que mesmo sendo Deus, se fez homem.

A pobreza, acima de tudo, "não é ter ou não ter, agir com muitos meios ou com poucos [...]. Ela se refere ao modo de compreender a si mesmo e a Deus".[27] A pobreza evangélica é, em primeiro lugar, uma imersão do mistério da encarnação. Deus se abaixa até os abismos da humanidade. Apagando assim a

---

[27] Cf. A. Joos, *L'aspetto cristonomico e comunicazionale dei voti nella società del post-moderno*, cit., p. 16.

sua onipotência divina, não se possuindo mais até a morte na cruz. A morte de Jesus na hora nona, naquele "tudo está consumado", além de ser biológica, é, sobretudo uma morte por irrelevância, uma via diversa aparentemente inoperante. Um Deus fraco, irrelevante, indefeso sobre a cruz do mundo. Por isso o aniquilamento, o esvaziamento, torna possível a transparência do Deus pobre.

Então, qual a pobreza para a era da comunicação?

Pobreza evangélica

Somos chamados a assumir o próprio nada para abrir-nos à lógica das bem-aventuranças. Para viver uma pobreza rica de Cristo que, como Paulo, nos torna fortes na fraqueza, dialogantes na diversidade, verdadeiros no amor.

Pobreza comunicativa

Reconhecer-se pobres e não perfeitos comunicadores, necessitados de entrar em diálogo com tantos outros caminhos humanos com os quais precisamos nos confrontar.

Um saber pobre

Jesus nos ajuda a compreender que somente a confiança e a espera, a paciência e o amor podem gerar diálogo em qualquer espaço e em qualquer tempo. A boa notícia de um Deus que se faz homem, a *kénosis* paulina, a era da comunicação que se apresenta como um pensamento fraco indica-nos uma única direção: ir a todos com a "mente e mãos vazias".[28] Essa pobreza nos leva à máxima confiança de que cada um pode se abrir à comunicação a partir do próprio coração, isto é, a partir de dentro, acolhendo com amor o dom do outro.

O conhecimento, quando se reduz ao intelectual, não integrado às demais dimensões vitais, pode se tornar um ídolo que se opõe à experiência de um Deus que tem caminhos muito diferentes dos nossos. Nesses caminhos diferentes podemos encontrar a verdadeira possibilidade de diálogo com o mundo. Uma presença pobre não possui certezas rígidas, não possui um sistema fechado de pensamento, não caminha rumo a uma única direção, não comunica de um modo unidirecional. Passa do simples uso dos instrumentos da comunicação para um novo modo de ser.

Isso requer uma atualização global na nossa maneira de pensar a comunicação. Portanto, podemos tentar uma síntese simples:

Mentalidade unidirecional

Este tipo de mentalidade concebe a comunicação como um processo que parte de uma direção e vai para outra: Emissor > Mensagem > Receptor. O emissor é mais importante do que o receptor. O falar ou o enviar uma mensagem é mais importante do que o escutar. A mensagem se sobrepõe ao destinatário e

---

[28] Idem, ibidem, p. 16.

às suas reais possibilidades de compreensão. Os instrumentos de comunicação são percebidos como meios potentes. A comunicação se torna domínio sobre o mais fraco, sobre a pessoa que não sabe, gerando sempre desnível entre quem sabe e quem não sabe. A racionalidade predomina sobre o sentimento.

Mentalidade interativa e multidirecional

Este tipo de mentalidade nasce da cultura do hipertexto, da navegação, da multimedialidade, da realidade virtual, e concebe a comunicação como mediação e como construção de significados, convergência de horizontes. É o conjunto, a globalidade, o em direção a todos que adquire importância. Essa comunicação muda todos aqueles que entram no círculo comunicativo. Nessa perspectiva, a mudança contínua é normal. As direções do pensamento e da criatividade são infinitas e interdisciplinares. A escuta e o envolvimento são fundamentais.[29]

Vivendo a comunicação interativa, deixamo-nos perpassar, renovar, recriar. Só uma presença pobre leva-nos na direção da unidade com todo o sentir da humanidade que está nascendo, com outras culturas, outras Igrejas, outras religiões, outras possibilidades comunicativas.[30] Onde quer que estejamos, só uma

---

[29] Cf. Joana T. Puntel, *A comunicação global como mentalidade, empenho apostólico e estilo de vda* (Conferência proferida em Manila, 1999), pp. 13-17.

[30] Cf. J. R. García Paredes, "Ripensare la vita religiosa in epoca post-moderna", em *Vita consacrata* (Roma, USMI, 2000), n. 1: "Aceitar o pluralismo não quer dizer aceitar um pluralismo absoluto, mas sim que em tudo — de uma forma ou de outra — possamos descobrir traços de verdade e de graça, e que tudo

presença pobre abrirá as portas à comunicação com todos, lembrando que

> O Evangelho não pode ser imposto, mas proposto, porque só se ele for aceito livremente e abraçado com amor pode ter a sua eficácia [...] é um dever colocar-se à escuta do que o Espírito pode sugerir também aos outros.[31]

Na era da comunicação o *trabalho comunicativo* muda o modo de perceber o próprio trabalho. O trabalho não é mais um "jugo",[32] mas sim um jogo, e onde antes havia só um emprego estabelecido, agora há um livre tornar-se disponíveis, ativos, criativos. O trabalho não é mais só um colocar-se em relação com os outros através de coisas a serem feitas sobre coisas; no trabalho comunicativo o saber criativo implica saber sem ser dono daquilo que se sabe.[33]

Um saber "pobre" é o único capaz de partilhar e de doar-se em novos processos comunicativos. Também o

---

está a caminho da plenitude. É o ecumenismo do caminho. Por esse motivo, a aceitação do pluralismo é a forma pós-moderna de *catolicidade*. A Igreja do diálogo não é uma Igreja sincrética. A missão como diálogo é a expressão mais clara de uma comunidade que aceita a complexidade da vida".

[31] João Paulo II, Homilia na vigília da solenidade de Pentecostes/2000, em *L'Osservatore Romano*, 12-13 de junho de 2000.

[32] Cf. A. Joos, *L'aspetto cristonomico e comunicazionale dei voti nella società del post-moderno*, cit., p. 16.

[33] Cf. A. Martini, *La Figlia di san Paolo sulla via dei consigli evangelici in un mondo di comunicazione*, cit., p. 28: "A comunicação exige colaboração, organização, capacidade de colocar meu pequeno contributo junto ao contributo dos outros, que pode ser o da irmã da comunidade ou o do leigo que trabalha nas nossas estruturas. Isso exige fineza de caráter e disposição para deixar que o meu trabalho se perca no meio do trabalho dos outros".

anonimato muda. Não é mais só o de uma imersão ativa no trabalho sem saber o que cada um está fazendo com tanta dedicação, mas é principalmente um "anonimato do saber",[34] que deixa a cada um a reelaboração da oferta livremente transmitida. Acaba a apropriação daquilo que se pensou, se criou, se fez. Tudo se torna de todos. Só assim o Espírito pode acabar com as fronteiras que, freqüentemente, dividem o mundo.

Um laboratório de antecipação evangélica

Um carisma, no hoje da comunicação, é um carisma novo que deve ser conhecido e recompreendido em toda a sua globalidade. O sentido e o significado mais profundo do carisma vêm do futuro. O que será uma congregação imersa na era da comunicação? Uma grande organização ou um laboratório de antecipação evangélica no Espírito do Mestre pobre, obediente e casto? Deixemos que a busca criativa seja mesmo a característica da nossa presença pobre, da nossa ascese no amanhã da comunicação.[35]

Uma *ascese da comunicação* que implica: humildade, paciência, criatividade, necessidade contínua de

---

[34] Idem, ibidem, p. 16.

[35] Cf. A. Joos, *L'aspetto cristonomico e comunicazionale dei voti nella società del post-moderno*, cit., pp. 11-16. Joos exprime a sua discordância com a visão potente da comunicação. Citamos, a este propósito, algumas de suas próprias palavras: "O documento *Vita consecrata*, no n. 99, apresenta a questão em termos de potência articulada dos meios com prioridade 'evangelizadora e educadora' de apropriação reivindicativa na direção da humanidade. Trata-se de ocupar em todos os lugares todos os espaços para tornar potente a voz própria sobre a praça pública".

aprender e esforço para entender, tempo e energias dedicadas, consciência clara de ter sempre de aprender, acolhida serena dos fracassos, constância no tentar de novo; requer, além disso, fantasia para sempre criar novos caminhos, novas mediações, novos símbolos, escuta do outro e das suas razões, das suas ânsias e preconceitos, disponibilidade para adaptar-se, flexibilidade e empatia que permitem entrar e imergir no mundo de quem encontramos.[36] Essas coordenadas são universais, abarcam todo tipo de relação.

A pobreza evangélica e comunicativa é uma *kénosis* contínua, é uma modalidade de interação com o mundo que nos circunda. É uma abertura sempre nova que antes de falar escuta, antes de agir busca, antes de pensar sente, antes de encontrar soluções se deixa interpelar, modificar, renovar. Trata-se de acolher "a comunicação no pensar, no falar, no agir";[37] de viver o comunicar como atitude global da vida, que parte da mente, toca o coração, impele à ação de modo circular e integral. A comunicação toca a nossa mente quando o pensamento nasce através da estrada do confronto, do diálogo, da busca humilde. Só um pensar que nasce da relação pode se tornar comunicativo. A comunicação que parte do coração se traduz em energia de ação; uma ação transparente, gratuita,

---

[36] Cf. A. Cencini, "I *mass media* nella formazione" (intervenção na Assembléia da USG, 1996), em *La sfida della comunicazione* (Bologna, Ancora, 1997), pp. 135-136.

[37] Cf. C. Colosio, *La comunicazione chiave di lettura della maturità dell'apostola paolina inviata ad annunciare le insondabili richezze del mistero di Cristo* (Ariccia, 1994), pp. 5-8.

recíproca, que abre a estrada para a comunhão. Na sinfonia comunitária, pensar juntos, falar e agir juntos se torna a verdadeira e concreta possibilidade de crescer como pessoas comunicativas.

A busca

A *kénosis* é uma contínua aprendizagem por parte de tudo e de todos. *Kénosis* que pode assumir a atitude paulina da estudiosidade. *Estudiosidade* entendida como capacidade de "despojar-se" do próprio sentir para poder compreender o verdadeiro sentido do outro, do seu dizer, do seu exprimir-se. Quem caminha nesta estrada está atento a todos e a tudo, sabe discernir para assumir aquilo que vale e excluir o efêmero e o superficial. Sabe observar, vigiar, recordar, escutar, refletir, conhecer, ver, amar, comunicar.

A estudiosidade exige abertura mental, sabedoria na vida concreta, progresso contínuo, coração contemplativo. Essa atitude de consciência e de liberdade criativa nos levará a veredas inéditas que abrirão os horizontes da novidade, do diálogo e da unidade:

> A estudiosidade paulina é a porta da profecia, a janela da experiência que sabe partilhar toda situação ambiental, que sabe abrir-se com sabedoria e coragem à evolução dos tempos, que sabe integrar-se com outras culturas e modos de perceber a vida.[38]

---

[38] Cf. O. Ambrosi, *La studiosità paolina come autoformazione* (Coleção Período de preparação à profissão perpétua, editado pelo SIF, Roma, 1997), fasc. 1, pp. 55-77.

Como é possível caminhar sem saber para onde ir? Como é possível agir sem ter antes compreendido e sem ter escutado? Estas perguntam delineiam o risco que se pode correr quando perdemos o sentido da visão global que nasce somente de um profundo *estudo*[39] *contemplativo e profético* da realidade na qual nos movemos e existimos.

A responsabilidade histórica requer esforço, imersão, mudança. Estamos numa *mudança de época* na qual é urgente parar para compreender de que lado sopra o vento da humanidade.[40] Deixemos ainda

---

[39] Cf. *Vita consecrata*, nn. 6, 63, 71, 79, 98, 102: "O compromisso do *estudo* não pode ser reduzido à formação inicial ou à obtenção de títulos acadêmicos e de competências profissionais. O estudo é a expressão do jamais satisfeito *desejo* de conhecer mais a fundo Deus, abismo de luz e fonte de toda verdade humana. O estudo impele ao diálogo e à partilha, é formação para a capacidade de juízo, é estímulo à contemplação e à oração, na *busca contínua* de Deus e da sua ação na complexa realidade do mundo contemporâneo [...]. Na presença dos problemas inéditos do nosso tempo, é preciso tentar análises e sínteses novas" (n. 98). Cf. *Gaudium et spes*, n. 5; *Documenti capitolari FSP* (1969-1971), n. 280.

[40] Cf. S. Sassi, *Annunciare Cristo Maestro Via, Verità e Vita nella cultura e nella civiltà di comunicazione* (conferência gravada, proferida na Assembléia Nacional dos Superiores FSP, Roma, 1995): "Alberione formou-se num contexto de pensamento forte, onde não havia dúvidas sobre dogmas, e este fato não o tornou muito sensível às mudanças, mas fez com que ele orientasse todas as sua fundação sobre uma realidade religiosa profunda e ao mesmo tempo sobre a sua preparação de homem, de padre. Ele formou-se em pleno clima do moderno, que sentia a grande necessidade de uma força; no pós-moderno, pelo contrário, entram em crise estas grandes certezas, não se fala mais de uma verdade objetiva, a coerência se abafa um pouco e se torna nomadismo. Hoje estamos recolhendo os frutos do pós-moderno, estamos vivendo uma fratura histórica fundamental, nascida da crise das ideologias de tipo político, lógico, racional, religioso [...]; com a queda das ideologias, aos poucos começou-se a fazer teorias não sobre a onipotência da razão, mas sobre o pensamento denominado fraco. O cristianismo interpretado por Paulo aproxima-se mais de um pensamento fraco do que de um pensamento forte: 'quando sou fraco então é que sou forte' [...]. Se realmente fôssemos cristãos

ressoar no profundo dos nosso coração aquela famosa pergunta que não deverá jamais cair do nosso horizonte de vida: "Onde caminha, como caminha, em direção a que meta caminha esta humanidade que se renova sempre sobre a face da terra?".

Para poder anunciar o Evangelho hoje é preciso "crer na eficácia da Palavra",[41] mas também aprofundar-se numa multiforme educação à comunicação que vai da capacidade crítica à capacidade de exprimir-se comunicativamente em todas as dimensões da vida: espiritualidade, formação, estruturas, organização, relações comunitárias e missão.

Recordemos que

> o elemento imutável do carisma paulino é pregar todo o Cristo com toda a comunicação; o elemento mutável é assumir progressivamente várias formas comunicativas. A comunicação não se refere mais somente aos

---

convictos de uma certa linha, não existiriam certos exageros inclusive em nível apostólico, isto é, na comunicação social [...]. Não estaríamos tão preocupados assim em colocar na vanguarda uma certa força, mas em interrogarnos sobre uma certa fraqueza da nossa presença [...]. Se quisermos ser fiéis na criatividade, fazem-se necessários instrumentos de pesquisa para entender bem a passagem da época moderna para a época do pós-moderno: o conhecimento da evolução da história é um sinal dos tempos a ser lido e faz parte de uma precondição para o apostolado [...]. Se não conseguimos entender como a sociedade evolui, entramos num ritmo apostólico que se torna paralelo à história e somos destinados à insignificância. É preciso que recuperemos o gosto da história que o Fundador tinha" (*Seminario internazionale sulla formazione paolina integrale delle Figlie di san Paolo* [Ariccia, 1998], pp. 124-125).

[41] Cf. G. Alberione, *Esercizi e Ritiri*, v. I, p. 202; cf. Idem, *Carissimi in san Paolo*, pp. 342-343.

OS CONSELHOS EVANGÉLICOS NA ÓTICA DA COMUNICAÇÃO

meios, mas vai bem além disso para desembocar no mar de uma nova cultura que muda continuamente.[42]

Tudo isso para o futuro de um mundo mais humano, aberto ao anúncio da fé.

Uma presença pobre a serviço do Evangelho

A pobreza comunicativa nos pede para sermos uma "presença" pobre. Toda a nossa vida deverá ser o rosto pobre de Cristo, e se isso vale para todos os cristãos, muito mais para quem é chamado a fazer da própria vida uma comunicação da radicalidade evangélica. A presença pobre é um espaço vazio para receber o dom das pessoas que encontramos e um abrir mão de todos os recintos que podem separar-nos do mundo inteiro. Quando o nosso saber, os nossos talentos, a nossa cultura, as nossas metodologias, tecnologias, organizações, competências e profissionalismos, as nossas características pessoais com toda a bagagem interior se tornam uma barreira ou um obstáculo à comunhão e ao amor, então corremos o perigo de esvaziar de significado o sentido mais profundo do conselho de pobreza.[43]

Será precisamente o serviço profundo e vital da pobreza a fazer de todos nós um só coração e uma só

---

[42] Cf. S. Sassi, *L'informatica come nuovo ambiente per la missione* (Relazione ao VII Capitolo Generale delle FSP, 1995).

[43] Cf. A. Joos, *L'aspetto cristonomico e comunicazionale dei voti nella societá del postmoderno*, cit., pp. 11-15.

136

alma num carisma de comunicação. Será precisamente a pobreza a fazer-nos caminhar na estrada da colaboração e da comunicação. Mulheres e homens do futuro, que sabem não ter soluções definitivas,[44] que sabem não possuir planos mentais para superar todo obstáculo e dificuldade, pessoas que não se apropriam da última palavra. O conselho de pobreza será um caminho sem fim na direção de uma extrema vulnerabilidade, que se torna fonte de nova humanidade e de novas possibilidades comunicativas.

Exatamente na capacidade de tornar-se pobres, em nome daquele que, na sua *kénosis*, tocou o máximo do esvaziamento de si, está contida toda a nossa esperança.[45] "Deus, em Jesus, dá tudo aquilo que é e aquilo que sabe, tão radicalmente que não quer que aquilo que ele deu seja considerado como seu."[46] Nesta perspectiva, a diversidade se torna amiga; a diferença cultural, uma riqueza; o desapego de si, uma nova possibilidade de vida; a vulnerabilidade, a mais profunda comunicação.

---

[44] Cf. J. R. García Paredes, "Ripensar la vita religiosa in epoca postmoderna", em *Vita consecrata*, cit., n. 1, p. 27: "É preciso assumir o pensamento complexo e renunciar a fáceis dogmatismos simplificativos. Descobrir o pensamento complexo ou a ecologia da mente não é preguiça filosófica ou superficialidade racionalista. Chega-se ao pensamento complexo só depois de ter descoberto o mistério da realidade, de toda realidade".

[45] A. Joos, *Adorare Dio, una scomessa col mondo*, cit., pp. 67: "A pobreza 'de esperança' consiste em tentar todos os caminhos para fazer transparecer ao mundo a presença de Deus inserindo na nossa vida o vínculo da pobreza".

[46] A. Joos, *L'aspetto cristonomico e comunicazionale dei voti nella societá del postmoderno*, cit., p. 13.

Em síntese

1. Pobreza: mistério de aniquilamento

A vida nas mãos de Deus

A pobreza evangélica é o rosto mais profundo da vida consagrada e nasce de uma perene contemplação da vida de Jesus, da participação vital ao seu caminho para assumir os seus sentimentos e chegar a dizer como Paulo: "Eu vivo, mas não eu, é Cristo que vive em mim" (Gl 2,20). Em Jesus, Deus se despoja de sua divindade e na *kénosis* alcança o homem de todo tempo. Jesus nos ensina a superar os medos e a arriscar sempre a abandonar-se nas mãos do Pai. É na perspectiva de "abandono" que a confiança se revela a chave do crescimento humano e espiritual. Quem é habitado pela confiança levanta os olhos para a vida inventando todo dia coisas novas, porque vive e cresce na confiança que faz de Deus um Pai e do outro um irmão, uma irmã. A pobreza consagrada implica contínua passagem da confiança humana à pobreza evangélica.

A confiança relacional

Para viver a pobreza consagrada no carisma da comunicação é preciso superar o medo do outro. Para abrir-nos à comunhão e à colaboração apostólica é necessário acolher a verdade de si mesmos.

Uma verdade libertadora

A pessoa vive e torna-se tal à medida que se abre à relação. Uma verdadeira comunicação se torna pão de vida porque nela se toca algo da presença de Deus e do mistério da própria vida. Para comunicar, na verdade e no amor, o conselho de pobreza requer que se viva a verdade de si, abandonando toda atitude de superioridade, indiferença, inflexibilidade, porque essas atitudes impedem a comunhão. Esse tipo de pobreza é muito exigente: trata-se de deixar não apenas alguma coisa, mas a si mesmo. E isso implica um sim total à confiança, como acolhida da verdade dos outros com coração humilde e reconhecido.

Apreço e empatia

A confiança se exprime ao máximo na *empatia*, isto é, na capacidade de deixar-se envolver até o fundo da vida, sofrendo com quem sofre e participando da alegria de quem se alegra. A confiança leva ao *apreço*: apreciar é compreender o verdadeiro valor das pessoas e das coisas, é alegrar-se pelo sucesso do outro. O apreço favorece a estima, conduz à colaboração e a uma profunda partilha. A atitude confiante, misericordiosa, exige um despossuir-se de si total, como Jesus que, mesmo sendo Deus, se fez servo e mesmo sendo rico se fez pobre, se fez misericórdia.

Fruto do nosso trabalho

A pobreza paulina requer confiança na Providência para abrir caminhos inéditos ao Evangelho. É precisamente Alberione quem delineia o projeto de vida paulina assinalando a pobreza como um *trabalho* criativo e dinâmico que continuamente *renuncia* a qualquer segurança, ao próprio modo de ser, para viver como quer Deus e lançar-se na gratuidade que caracteriza a vida de todo apóstolo. Pobreza que renuncia a administrar a vida e tudo aquilo que disso deriva, renuncia à independência em todas as suas manifestações. Uma pobreza que *produz* (muito fruto) numa vida fecunda, sabendo que o fruto não depende da potência dos instrumentos usados ou das próprias capacidades, mas somente de Deus.

Da confiança na Providência a pobreza paulina impele a *conservar*, sobretudo no coração, a Palavra. Conserva os bens que o Senhor nos dá, desenvolve uma sábia e equilibrada administração, na co-responsabilidade pessoal, comunitária, congregacional. Segundo Alberione, é necessário também *prover*, trabalhando, e *edificar* o Reino de Deus que nos torna livres e disponíveis.

2. *A pobreza abre o processo comunicativo a tudo e a todos*

Um caminho diferente

No cenário comunicativo do mundo de hoje, a pobreza consagrada é, sobretudo, uma imersão na *kénosis* de Deus. Na escola do Mestre pobre aprendemos que tipo de presença devemos assumir na evangelização com os meios da comunicação social. Em

Cristo a pobreza não é a de não possuir as coisas que se usam, mas a de não possuir aquilo que se é. Como Paulo, somos chamadas a ser pobres de nós e ricos de Jesus.

Um saber pobre

Na era da comunicação, o conselho de pobreza nos propõe ir a todos com a "mente e mãos vazias", ou seja, numa atitude de confiança e de abertura à comunicação a partir do próprio coração "despojado", isto é, a partir de dentro, acolhendo com amor o dom do outro. Exatamente porque uma presença pobre não possui certezas rígidas, não possui um sistema fechado de pensamento, não comunica de forma unidirecional pode deixar-se mudar, renovar, recriar. Assim pode perceber o sentir da humanidade que está nascendo e abrir-se a outras culturas, outras Igrejas, outras religiões, outras possibilidades comunicativas. Com essas disposições, nascidas do seguimento de Jesus, nascerá um novo modo de perceber e desenvolver o trabalho como exigência de novos métodos pastorais, nesta era nova da comunicação. Entra-se no "anonimato do saber". Acaba a apropriação daquilo que se pensou, se criou, se fez. Tudo se torna de todos, porque a missão pertence a Deus.

Um laboratório de antecipação evangélica

A pobreza evangélica e comunicativa é uma *kénosis* contínua, uma modalidade de interagir com o mundo que nos circunda. É uma abertura sempre nova que antes de falar escuta, antes de agir busca, antes de pensar sente, antes de encontrar soluções se deixa interpelar, modificar, renovar. Trata-se de viver uma "ascese comunicativa" que implica humildade, paciência, criatividade, confronto, diálogo. Só um pensar que nasce da relação pode se tornar comunicativo. A comunicação que parte do coração se traduz em energia de ação: uma ação transparente, gratuita e recíproca, que abre o caminho à comunhão.

A busca

A pobreza evangélica, na perspectiva da *kénosis*, assume também a atitude paulina da *estudiosidade*, entendida como capacidade de "despojar-se" do próprio sentir e compreender para aprender de tudo e de todos; para observar, vigiar, discernir e deixar emergir aquela "estudiosidade" que nos leva à abertura mental, à liberdade criativa em direção a veredas inéditas que abrem horizontes novos ao diálogo e à unidade. Um estudo contemplativo e profético que nos faz sentir a responsabilidade histórica requer esforço, imersão, mudança. É sempre o Alberione a dar-nos o exemplo e a fazer-nos ressoar no coração a famosa pergunta que nos conduz à busca: "Onde caminha, como caminha, em direção a que meta caminha esta humanidade?". É preciso crer na eficácia da Palavra, mas também se calar numa multiforme educação à comunicação, que não se refere somente aos meios, mas vai muito além deles, como afirma o documento eclesial *Redemptoris missio* (n. 37c).

Uma presença pobre a serviço do Evangelho

A pobreza comunicativa nos pede que sejamos uma "presença pobre", rica de Cristo, para fazer da própria vida uma comunicação da radicalidade evangélica. O conselho evangélico da pobreza requer atenção para não transformar o saber, as culturas, as metodologias, as tecnologias e organizações, as competências e profissões num obstáculo à comunhão e ao desenvolvimento "livre" da evangelização. Será precisamente a pobreza a fazer-nos caminhar na estrada da colaboração e da comunicação. Na capacidade de tornar-nos pobres, no esvaziamento de si, está contida toda a nossa esperança, que vem de Jesus, o qual se fez tudo para todos.

Para a reflexão pessoal

✓ Releio o texto com atenção, deixando-me penetrar pelos mesmos sentimentos de Jesus, que "despojou" a si mesmo. *Enumero os pontos principais* que me interpelam a viver a pobreza consagrada na dimensão comunitário-apostólica como ela foi apresentada no texto.

✓ Experimento a pobreza como o mistério do "aniquilamento" que o hino cristológico sugere: mistério de confiança, de abandono total da vida nas mãos de Deus. Tomo consciência da minha capacidade de entrega nas relações que produzem confiança, valorização e apreço dos outros, harmonia comunitária, colaboração apostólica. Reflito também sobre o meu trabalho segundo as características da pobreza paulina. Pergunto-me: "Qual é o tipo de pobreza na era da comunicação?".

✓ Experimento verificar as *motivações* que me impelem a viver Jesus pobre, "despojado de si mesmo" para dar a vida. Somente no "esvaziamento" de mim mesmo Deus pode ser o tudo. Confronto também as *motivações* que me impedem de colaborar, de me renovar, de adotar novos métodos pastorais na evangelização com os meios de comunicação. Quais são os meus "apegos"? O que tenho medo de perder? Neste tempo de novas exigências, não só de "fazer", mas de *como* fazer, de exigência de qualidade no ser presença paulina, que espaço deixo às outras? Questiono-me sobre a intensidade e a qualidade do meu apreço e valorização dos outros: "O alegrar-se pelo sucesso de um outro é sinal claro de uma profunda vida espiritual" (M. Rupnik).

✓ Concluo com um diálogo com Jesus Mestre.

Em comunidade

✓ Partilhemos as reflexões pessoais e os apelos do Senhor num encontro organizado mensalmente.

✓ Manifestemo-nos sobre o tema deste Capítulo: "A dimensão comunitário-apostólica da pobreza", na perspectiva da *kénosis* (*esvaziamento, aniquilamento, para dar a vida*). O que significa realmente para nós viver na confiança, no abandono total, na era da comunicação? Quais são os requisitos indispensáveis para viver Jesus Cristo pobre, e quais as características da pobreza paulina nas possibilidades e nos desafios que a comunicação social nos apresenta hoje?

✓ Seria importante olhar para a qualidade da nossa pobreza comunitária como mistério de aniquilamento, como processo comunicativo em direção a tudo e a todos. Como oferecemos a nossa confiança relacional? Como é a qualidade da nossa presença paulina que deve ser sinal da realidade do Reino: uma presença de evangelização, mesmo na nossa fraqueza, no mundo da comunicação global (globalização)? Sentimo-nos pequenos, fracos? Mas de onde vem a nossa força?

✓ No desejo de deixar acolher a colaboração, a organização, de deixar espaço para os leigos nas nossas atividades apostólicas, reflitamos sobre os obstáculos que nos impedem de sermos mais apóstolos, mais dinâmicos, mais abertos.

✓ No fim do encontro, assumamos um compromisso e determinemos um tempo para a avaliação.

Espaço criativo

O espaço em branco a seguir é símbolo daquele espaço novo que está se abrindo na nossa vida. Deixe que a sua fantasia se exprima com criatividade. Se quiser, pode usá-lo para a sua reflexão, para as suas idéias novas.

Capítulo 6

UMA RESPOSTA OBEDIENTE

A dimensão comunitário-apostólica da obediência

Jesus, que se fez obediente até a cruz (Fl 2,6-11), nos faz entrar no grande mistério do amor de Deus. Através da obediência acolhemos na nossa vida a missão salvífica de Jesus. Com Ele nos oferecemos ao Pai, a serviço da Igreja e pelo anúncio do Evangelho. Entregamo-nos ao Pai para fazer, como Jesus, a sua vontade e ser os servos do amor que oferecem a vida para a salvação de todo e de tudo. De fato, a essência da fé e da obediência é tornar-se pão partido.

Isso implica uma escuta dinâmica da Palavra; requer um caminho rumo à convergência, em uma obediência orgânica, que direciona mente, coração, forças para um projeto comum. Como a obediência de Jesus, que converge com a do Pai em um único objetivo: levar a vida.

Na fidelidade ao carisma do fundador, a obediência evangélica se torna também uma "profecia",

OS CONSELHOS EVANGÉLICOS NA ÓTICA DA COMUNICAÇÃO

como profunda intuição do amanhã e antecipação dos tempos para colher, na cultura da comunicação, os caminhos novos que o Espírito vai abrindo à Palavra.

Percurso

1. Entregar-se por amor

   Crer no Evangelho

   Uma escuta dinâmica

   O dom da convergência evangélica

   A comunicação: caminho para a convergência

   A autoridade como serviço.

2. Obediência como profecia

   Sentinela, que resta da noite?

   Antecipar a novidade

   Na incerteza do futuro

   Fiel ao carisma do fundador.

6.1. Entregar-se por amor

Jesus se fez obediente numa *kénosis* sem fim que o levará até a cruz (Fl 2,6-11). Mas por que esta obediência? Por que ela custou tanto assim? Jesus amou os seus até o fim e por este amor infinito pagou com a sua própria vida afrontando uma morte violenta e injusta, decidida pelos homens e contrária ao querer de Deus. A vontade do Pai não foi que Jesus morresse injustamente, mas que, em qualquer caso, ele continuasse a amar, a abençoar, a perdoar, a revelá-lo também em meio a situações difíceis. O coração da obediência de Jesus foi o amor que tornou presente o Reino, manifestando concretamente Deus onde os seres humanos o tornaram ausente. Uma obediência feita de abandono, de esperança incondicional, de dom total da própria liberdade. Jesus depõe confiantemente a sua vida nas mãos do Pai mesmo quando tudo se torna escuro. E com esta confiança entra no cumprimento do projeto do Pai e exprime misericórdia, revela o amor.[1]

O que significa de fato obedecer senão entrar no grande mistério do amor de Deus? A obediência evangélica nos faz entrar como Jesus no desígnio de salvação de Deus Pai. Dar cumprimento a este desígnio é possível somente se algumas pessoas oferecem com alegria e generosidade o seu contributo, a sua vida, a sua força decisional, a sua liberdade. Com o conselho evangélico da obediência acolhemos em nossa vida a missão salvífica de Jesus e com Ele nos colocamos a serviço da Igreja para anúncio do Evangelho.

Crer no Evangelho

Jesus, vivendo como homem e como filho, revelou Deus e mostrou a que grau de humanidade conduz o viver esta relação com Deus Pai.[2] A nossa fé em Deus faz com que nos tornemos filhos em Jesus e

---

[1] Cf. Molari, *La fede nel Dio di Gesù* (Camaldoli, Ed. Camaldoli, 1991), pp. 40-41.

[2] Cf. Molari, *La fede nel Dio di Gesù*, cit., p. 420

pessoas em Deus. Ser os filhos da obediência e do Evangelho significa ser, como Jesus, os servos do amor que entregam a sua vida pela salvação de todos e de tudo.[3] Entregar a vida nas mãos de Deus a fim de que ela possa se tornar *pão partido* é a essência da fé e da obediência, é o nome verdadeiro do amor (cf. Jo 15). Há amor verdadeiro onde há entrega da própria liberdade, da própria existência, da possibilidade de construir um futuro. O futuro é de Deus e Deus o constrói juntamente com todos aqueles que fazem do amor a única regra da sua vida.

A entrega de si pelo Evangelho é um dom que *vem do Espírito*, que é amor (cf. Gl 5,22). Ninguém jamais poderá entrar apenas com as próprias forças na obediência evangélica de Jesus. Quando o Espírito é acolhido com docilidade, a nossa personalidade vai-se configurando à de Jesus e à sua obediência ao Pai. No Espírito, nós nos tornamos corpo de Jesus, sangue do seu sangue[4] para a nova e definitiva aliança. No Espírito podemos nos tornar memória de Jesus,[5] sangue do seu sangue para a nova e definitiva aliança. No Espírito podemos nos tornar memória de Jesus e sua comunicação ao mundo.

A fé e a livre adesão ao Evangelho requerem, todavia, uma abertura ativa, leal e generosa de todo o

---

[3] Cf. J. C. R. Garcia Paredes, *Teología de la Vida Religiosa* (Madrid, Biblioteca de Autores Cristianos, 2000), p. 419.

[4] Cf. Idem, ibidem, p. 420.

[5] Cf. *Vita consecrata*, n. 63.

nosso ser, a qual consiste "em colocar toda a inteligência e o amor para servir a Deus".[6]

Uma escuta dinâmica

A obediência evangélica é uma mediação de amor que nos insere no desígnio de salvação de Jesus mediador entre a intervenção de Deus e o grito dos seus irmãos até as últimas conseqüências. A obediência de Jesus ao Pai e a sua mediação profética (cf. Hb 8,6) não foram um conjunto de ordens de um lado e um de execução do outro, mas foram uma obediência capaz de fazer com que entrassem em comunicação o projeto e sua atuação, o sonho de Deus e os anseios verdadeiros da humanidade.[7]

A verdadeira obediência ao Evangelho é um risco, porque anda sobre estrada que o Espírito[8] abre de uma forma sempre nova nos sulcos da história. É a contínua tensão entre o já e o ainda não. Na perspectiva da Aliança entre Deus e o seu povo, essa obediência implica escuta profunda[9] para mediar e realizar o querer benevolente e amante de Deus em favor da humanidade.

Obedecer é, no seu sentido mais profundo e religioso, uma escuta dinâmica da Palavra na relação

---

[6] Cf. G. Alberione, *Meditazione alla comunità* (Roma, 31 de julho de 1964).

[7] Cf. A. Joos, *L'aspetto cristonomico comunicazionale dei voti nel postmoderno* (Conferência às religiosas FSP, Roma, 1999).

[8] Cf. F. Martinez Diez, *La frontera actual de la vida religiosa, bases y desafios de la refundación* (Madrid, San Pablo, 2000), pp. 122-123.

[9] Cf. J. C. R. García Paredes, *Teología de la Vida Religiosa*, cit., pp. 417-420.

única com o Deus vivente, o qual realiza o que é belo e faz o que é bom.

A qualidade da escuta é determinante para obedecer ao amor. É preciso que seja uma escuta autêntica. No entanto, é realmente difícil, seja porque supõe *perder-se para deixar-se atingir pela Palavra*, seja porque isso não tem meta, não conhece ponto de chegada definitivo, mas, pelo contrário, está sempre em crescimento, a caminho: é busca, abertura, acolhida. Aquele que se dispõe a uma verdadeira escuta encontra-se efetivamente em contínuo processo de mudança. A Palavra ouvida abre, no íntimo do seu ouvinte, a uma transformação, que se faz obediência, profecia, dom de si.[10] Escutar é obedecer à mudança, é deixar que os nossos projetos conquistem na fé uma direção que só Deus conhece.

Obediência é um escutar e um caminhar com Deus e com todos para discernir os seus caminhos.[11] Eis por que a comunidade paulina, diante do imprevisível futuro da comunicação, é chamada a empenhar-se cada vez mais na arte da escuta e do discernimento, entre contemplação e diálogo. Comunidades abertas em atitude sempre mais empática com as alegrias e os sofrimentos do mundo, sem soluções fáceis ou predefinidas.[12] Isso pressupõe que, no inte-

---

[10] Cf. I. Gargano, *Fatte attenzione a come ascoltate* (Milano, Pauline, 2001), pp. 5-6.

[11] Cf. A. Joos, *L'aspetto cristonomico-comunicazionale dei voti nel postmoderno*, cit.

[12] Cf. D. Mongillo, *Il voto dei consigli evangelici: aspetto teologico-morale*, cit., p. 17: "Outro aspecto da obediência atual é a disponibilidade à mobilidade, isto é, à mudança. É necessário vencer a imobilidade mental e tudo aquilo que nos fecha à novidade. Os conselhos evangélicos são um auxílio fecundo a transformar-nos, a mudar-nos, a passar através da morte e da ressurreição".

rior das comunidades, se aprenda a cada dia a construir relações sinceras, simples, abertas, transparentes.

Só quando no amor aprendemos a escutar-nos e a prestar atenção, a nossa vida abre-se a uma recíproca obediência,[13] passando da escuta à convergência comunicativa.[14] A obediência envolve sempre todas as pessoas que estão em relação. Jesus, que é Mestre de comunicação, nos ajuda a compreender que o Pai também é obediente. O nosso Deus é um Deus que por primeiro ama, que por primeiro escuta obedecendo. Como Jesus sempre escutou o Pai, assim também o Pai sempre escutou Jesus.[15] A dor e o pranto de Jesus pela morte do amigo Lázaro se tornam amor e perfeita obediência no coração do Pai. Jesus levantou os olhos e disse: "Pai, eu te dou graças, porque me ouviste! Eu sei que sempre me ouves, mas digo isso por causa da multidão em torno de mim, para que creia que tu me enviaste" (Jo 11,39-41). O Pai restitui a Jesus o amigo de Betânia precisamente numa obediência amorosa feita de escuta e dependência recíprocas e convergência livre.

---

[13] Idem, ibidem, n. 44: "A obediência é um sim ao plano de Deus que confiou uma peculiar tarefa a um grupo de pessoas".

[14] Cf. H. J. M. Nouwen, *Invito alla vita spirituale* (Brescia, Queriniana, 1998), p. 53.

[15] Cf. A. Martini, *La Figlia di san Paolo sulla via dei consigli evangelici* (Relazione alle FSP, 1999), p. 31: "Em Jesus a obediência é a atitude mais dialógica, mais comunicativa, porque está totalmente em referência ao Pai. Jesus nunca está sozinho, não se realiza nunca por si mesmo, mas está sempre no Pai. A obediência é constante atitude de diálogo, para cumprir de um modo sempre profundo o projeto do Pai".

O dom da convergência evangélica

A nossa vida revela, como Jesus, o rosto do Pai que se manifesta na comunhão. A comunhão é um dom de Deus, mas também uma conquista nossa. Implica um exercício cotidiano de obediência recíproca para realizar uma convergência na missão.

Convergir significa, acima de tudo, dirigir-se para um mesmo ponto partindo de dois pontos diferentes. A origem, o ponto de partida da convergência, é a diversidade.

Caminhar para a convergência é caminhar juntos rumo a um ponto que não é a partida, mas a chegada. A convergência é um resultado completamente novo, ponto de chegada de dois percursos ou de duas pessoas ou mais. Ela constrói uma nova realidade entre pessoas que se colocam em relação e que, comunicando-se, chegam a uma construção nova de significado. Para convergir, porém, são necessários dois elementos: um *objetivo comum* e a *liberdade interior*, que é o resultado de um caminho espiritual, de conversão contínua.

Numa relação madura, numa obediência orgânica, de fato, nunca há quem mande e quem obedeça em sentido autoritário,[16] mas uma convergência de forças, de mente e de coração na direção de um objetivo, de um valor, de um projeto, de uma iniciativa.

---

[16] Cf. A. Joos, *Adorare Dio, una scommessa col mondo* (Roma, Vivere in, 1990), p. 145.

A obediência de Jesus[17] converge com a do Pai para um único objetivo: *levar a Vida*, revelar o Amor numa força convergente que se torna, para a humanidade, misericórdia e amor incondicionado em Jesus crucificado e ressuscitado. Somos o ponto de convergência no qual há um total envolvimento do Filho, do Pai e do Espírito. Para a nossa direção o Amor orienta-se, converge, entrega-se. A comunidade é o ponto de convergência do Deus-Amor Pai, Filho e Espírito Santo, e a missão, realizada conjuntamente, é expressão desse amor.

A comunidade torna-se convergente quando junto obedece à Palavra de Deus, aos apelos universais da Igreja e aos impulsos culturais do nosso tempo que no Espírito revelam a vontade do Pai. Uma vez unida, torna-se então necessário estabelecer momentos onde Deus pode se comunicar, onde na liberdade do coração a comunicação da fé, dos desejos e dos sonhos apostólicos desperta a vida, reforça a paixão missionária, torna-se pão para o caminho.

A convergência de forças, "uma obediência inteligente, ativa, sábia, mútua e orgânica", é possível somente se construída sobre o caminho da unidade[18] que parte da diferença, passa pela solidão e abre-se à comunhão. A acolhida da diferença é a base de toda

---

[17] Cf. *Vita consecrata*, n. 21: "A obediência, praticada em imitação a Cristo, cujo alimento era fazer a vontade do Pai (cf. Jo 4,34), manifesta a beleza libertadora de uma 'dependência filial e não servil', rica de sentido de responsabilidade e animada pela confiança recíproca, que é reflexo na história da 'correspondência amorosa' das três Pessoas Divinas".

[18] Cf. *A vida fraterna em comunidade*, n. 26.

autêntica relação e comunicação.[19] Essa é fruto da relação com o totalmente Outro de nós: o nosso Deus. Quanto mais o acolhemos em nossa vida, mais somos capazes de comunicar, de acolher o outro que pensa de um modo diferente, que fala uma outra língua, que tem uma outra cultura e uma visão diferente do mundo.

A abertura à diferença, todavia, requer a capacidade de permanecer no silêncio e no deserto, onde, na solidão do coração, podemos contemplar o outro com mais objetividade e à luz do Evangelho amá-lo com o mesmo amor de Jesus. Só então será possível o caminho rumo à comunhão com Deus, com as irmãs, com os homens e mulheres de nosso tempo e com a criação.

A comunicação: caminho para a convergência

O caminho que leva à convergência das forças e à comunhão do coração é a comunicação.[20] Ela é um

---

[19] Cf. L. Sebastiani, *Morale personale* (Piemme, 1991), pp. 48-49: "Na comunicação autêntica os comunicantes não só se 'reconhecem', mas se constituem mutuamente como pessoas. A capacidade de acolher a diferença depende da escolha de abertura ao mundo, ao outro, a Deus. Mesmo que os três momentos não possam ser colocados em sucessão cronológica, é evidente que a própria busca de Deus não é possível a não ser a quem tenha feito esta *opção de fundo 'comunicativo-relacional'*".

[20] Idem, ibidem, p. 47: "A pessoa humana, não unidade anônima numa massa, não mônada fechada em si mesma, mas ser único e irrepetível que se descobre e se realiza num contexto de encontro com o Outro e com os outros. Ela é tão caracterizada pelo seu ser 'comunicante' que a sua própria autoconsciência individual e a descoberta do próprio destino último não pode mais prescindir desta realidade de comunicação. Só num tecido de relações a vida humana se torna um acontecimento concreto, histórico e rico de significado, e pode chamar-se humana em sentido pleno".

meio, bem como a possibilidade, de entrar em sintonia, ainda que freqüentemente comporte a fadiga de compreender[21] e acolher a diversidade dos irmãos que vivem perto de nós todos os dias.[22]

Comunicar, assim como para o convergir, implica sempre mudança, novidade a ser construída, quer seja ela comunicação interpessoal, quer seja ela comunicação mediada por instrumentos. Comunicar é, de fato, *construir juntos algo de novo*.[23] Esse criar juntos dá muita alegria a quem entra no processo comunicativo, a quem acolhe o desafio de dar e receber para difundir a vida.[24]

A obediência autêntica nasce e cresce em clima que favorece a comunicação. Quando numa comunidade nos abrimos ao diálogo, à acolhida da diversidade,

---

[21] Cf. *A vida fraterna em comunidade*, n. 32.

[22] Cf. F. Bockle, *I concetti fondamentali della morale* (Brescia, 1988), p. 136: "Somente diante do tu visível e perceptível o eu toma inteiramente consciência de si mesmo. O falar e o pensar puramente interiores não levam a evadir do cárcere da solidão e do mal e por conseguinte não operam uma libertação. Tudo aquilo que está em nós se torna claro tão-somente quando o exprimimos" (O autor refere-se aqui particularmente à confissão sacramental).

[23] Cf. V. Amato, *L'arte del dialogo* (Franco Angeli, 1996), p. 26: "O diálogo precisa de uma vontade de suspender os comportamentos de tipo defensivo, além de aprofundar as suas motivações. No diálogo não há decisões a serem tomadas: há somente um espaço vazio a ser preenchido com as idéias e com a vida de todos, para construir um significado comum. Um significado baseado não na prevaricação de uma opinião sobre as outras, mas formado com a contribuição de todas as opiniões".

[24] Cf. L. Sebastiani, *Morale personale*, cit., p. 48: "Mesmo as atividades que normalmente consideramos individuais, tais como a busca da verdade ou a escuta da voz da consciência, não podem realmente acontecer de uma forma positiva e criativa fora de um contexto de comunicação. Todo agir humano pode ser lido como comunicação. Toda comunicação modifica a ordem precedente das coisas, tanto no sujeito que age quanto no mundo circunstante".

à comunicação profunda, verdadeira, é mais fácil que as decisões e os compromissos sejam livremente assumidos na obediência recíproca com aquela criatividade dinâmica que caracteriza a presença religiosa. Quando, pelo contrário, a exigência de um serviço não nasce do diálogo, ela é percebida como imposição, como um comando que pode gerar as mais variadas reações, descontentamentos escondidos, silêncios carregados de agressividade e sem sentido. Na comunicação que circula em um processo de obediência não há lugar para o domínio,[25] nem para uma resposta infantil, cega, não criativa, irresponsável.

Podem-se viver incompreensões, dificuldades de relacionamento na comunidade, no apostolado e com o irmão que é chamado a desenvolver um serviço de autoridade ou de coordenação. Mas tudo pode concorrer para o bem e pode reforçar a comunhão se se acolhe e se doa misericórdia, vivendo como Jesus a dimensão do mistério pascal.

A autoridade como serviço[26]

Jesus faz o caminho contrário ao do homem: não se levanta para dominar, mas se abaixa para ser-

---

[25] Cf. A. Martini, *La figlia di San Paolo sulla via dei consigli evangelici*, cit., p. 31: "A obediência vence o espírito de domínio, o medo do outro, a desconfiança, a opressão, a arrogância. Por isso Jesus propõe a sua mansidão: 'Aprendam de mim que sou manso e humilde de coração' (Mt 11,29). Essa dimensão é fundamental em um apostolado de comunicação, que exige o diálogo".

[26] Cf. *A vida fraterna em comunidade*, n. 50: "Se as pessoas consagradas se dedicarem ao total serviço de Deus, a autoridade favorece e sustenta esta sua consagração. Num certo sentido ela pode ser vista como 'serva dos servos de Deus'".

vir (cf. Jo 13,4-17; Fl 2,6-8). Por isso, a missão dos discípulos do nazareno é servir até fazer-se servo dos outros (cf. Mt 20,27; Mc 10,44), exatamente como o apóstolo Paulo (cf. Rm 1,1; Gl 1,10; Fl 1,1; Cl 1,7; 2Tm 2,24; Tt 1,1).

Com Jesus o serviço de autoridade encontra uma inversão de marcha. Ele, o Senhor e Mestre, está no meio de nós como aquele que serve. Paulo, que compreendeu bem esse método único e universal de Jesus, se define servo de todos. O serviço tem em si um grande poder comunicativo. Só o serviço de amor leva dentro de si a verdadeira autoridade.

A única justificação que a autoridade encontra em qualquer organização e comunidade humana é a de estar a serviço do grupo para que este possa alcançar o seu fim.[27]

O serviço da autoridade está sempre voltado para o crescimento da pessoa, para a convergência comunitária, para a missão. O irmão revestido de autoridade é chamado a animar, motivar e sustentar o ímpeto espiritual-apostólico da comunidade para reavivar a sua fé e a sua vida no Espírito. Em seu papel ele é símbolo, sinal de unidade e de serviço de mediação na busca da vontade de Deus. É aquele que favorece a convergência de possibilidades, a integração de inteligências e de carismas pessoais no serviço comunitário-apostólico, criando um clima no qual cada um

---

[27] Cf. J. M. Guerreiro, "L'autorità: esperienza di servizio e dia more", em *Consacrazione e servizio* (Roma, USMI, 2000), n. 1, p. 32.

possa dar o melhor de si seja no processo decisório, seja na atualização das decisões. Toda decisão comunitária e apostólica será cada vez mais fecunda à medida que for o resultado de comunicações profundas: do mais idoso ao mais jovem, convocados e marcados pelo mesmo carisma, e onde todos têm, no momento de discernir o plano de Deus, um papel de luz e de verdade.

Para realizar isso, hoje mais do que nunca o serviço da autoridade é chamado a criar espaços de diálogo, de co-responsabilidade e de pertença. Tudo isso para favorecer uma "espiritualidade de comunhão" que se traduz em colaboração e organização e, acima de tudo, em disponibilidade para deixar-se coordenar.

Um dos dons colocado a serviço de todos é o religioso que na comunidade presta o serviço da autoridade.[28] O serviço da escuta sente, encoraja, impele, apóia, assume decisões e acompanha o processo de atuação das mesmas.

A autoridade é realmente um serviço que requer muito esforço e uma grande capacidade de amar,[29] discernir[30] e comunicar que só Deus pode dar como

---

[28] Idem, ibidem, n. 123.

[29] Cf G. Alberione: "Governare è amare", em *Spiegazoni delle Constituzione FSP*, pp. 329-331; *Constituições FSP*, n. 126.

[30] Cf. F. Londoño, "Sospinte dallo Spirito", em *Contributi dei relatori ao VII Capitolo Generale FSP* (1995), p. 70: "*O serviço da autoridade*, concretamente na Congregação das Filhas de São Paulo, deverá advertir com perspicácia todas as armadilhas [...] (deveríamos nos perguntar se a função não está deslocando ou inclusive substituindo a missão, e se o profissional ou o técnico não está

dom. Mas comporta também um compromisso exigente de seguimento radical, diálogo, colaboração e coordenação. É ajudar a crescer a partir de dentro, suscitar esperança:[31]

> Também nos momentos mais difíceis sabe optar pela esperança, sabe sair de estradas batidas e colher o convite do Senhor, sabe ir adiante sem se impor e sem ser um peso, sabe ser uma presença, uma compreensão cheia de simpatia, uma confiança cheia de bondade.[32]

É um serviço que *abre horizontes* e que *indica caminhos novos*. Promove a pertença ao carisma, um amor mútuo, uma missão sem confins. Há uma grande necessidade de ir mais adiante, de "fazer-se ao largo".[33] Ir também além de toda pertença pequena demais e voltada ao interno da congregação, para abrir-nos "para fora" como comunidade de pessoas livres e libertadoras. Comunidades que encontraram a pérola

---

substituindo a testemunha. Não nos foi dito 'sereis os meus técnicos', mas sim 'sereis minhas testemunhas' [At 1,8]). O fim da congregação é, segundo a intuição profética do fundador, 'multiplicar e dar amplidão à mensagem', através dos 'instrumentos que o progresso nos oferece'. O serviço da autoridade deveria orientar a fazer um *exame de consciência periódico sobre nós mesmos em relação à missão*. O obstáculo maior a essa sabedoria que torna 'misericordiosos' e não permite ambigüidades provém não de fora de nós, mas da *nossa resistência a tornar-nos pequenos*".

[31] Cf. P. Cabra, "Autorità e governo", em *Consacrazione e servizio*, cit., p. 73: "O serviço primário da autoridade é sustentar a esperança dos irmãos e das irmãs, a 'reta esperança' da qual fala Agostinho, distante tanto do desencorajamento quando da ilusão".

[32] Cf. A. Joos, *Adorare Dio, una scomessa col mondo*, cit., pp. 141-142.

[33] Cf. *Novo millenio ineunte*, n. 1.

preciosa, a única coisa necessária: Jesus, Senhor e Mestre. Comunidades que encontraram n'Ele a verdadeira liberdade e aprenderam a comunicá-lo a todos com uma linguagem nova que abre para a vida. Não é só a autoridade que é chamada ao serviço. Num carisma de comunicação todos são chamados a descobrir a autoridade comunicativa do serviço. Um serviço que nos torna mulheres e homens capazes de oferecer humanidade, de propor uma verdade atraente, uma liberdade alegre.

A comunicação autêntica é, em si mesma, serviço que constrói relações verdadeiras em uma nova humanidade. Não se pode pensar em comunicar o Evangelho em termos de potência, rigidez, superioridade, legalismo, poder econômico. O futuro do Evangelho, o futuro da comunicação, o futuro do carisma da congregação está escondido no poder do serviço humilde, do serviço que nos faz assemelhar-nos Àquele que nós proclamamos Senhor e Mestre da nossa vida: "Não temos a pretensão de dominar a vossa fé; mas o que queremos é colaborar para a vossa alegria" (2Cor 1,24).

6.2. Obediência como profecia

Qual é a profecia que o mundo de hoje espera de nós? Não podemos responder a esta pergunta se não nos pusermos a procurar juntos num discernimento orante os caminhos novos que o Espírito vai abrindo à Palavra. Essencial para esse caminho é a abertura ao hoje. Na cultura da comunicação, em comunhão e em colaboração com uma Igreja rica de carismas, na abertura ao diálogo ecumênico e inter-religioso, descobriremos a amplidão e as novas possibilidades que o nosso carisma poderá oferecer à nova evangelização.

Sentinela, que resta da noite?

Essa pergunta do profeta interroga-nos sobre o nosso compromisso de "sentinelas de Deus" (Is 21,11) e sobre o dever de perscrutar os sinais dos tempos para poder intuir de que lado vem a aurora, onde surge a luz que ilumina a humanidade.

"A nossa vida é chamada simples e arriscadamente a ser uma sentinela sobre os muros, um trombeteiro da autora, uma estrela na noite, uma vela sobre a colina distante."[34] *Uma profunda intuição do amanhã e uma antecipação dos tempos*[35] são aspectos vitais e essenciais da nossa obediência consagrada. Obediência que para nós, paulinas, assume o rosto da profecia que sabe amar e interpretar o nosso tempo à luz da Palavra de Deus,[36] em comunhão com a Igreja.

É preciso, portanto, pedir ao Senhor o dom da profecia. Basta olhar o exemplo do nosso fundador, que com intuição profética soube preparar-se para fazer

---

[34] Cf. J. Chittister, *Il fuyoco sotto la cenere. Spiritualità della vita religiosa qui e adesso* (Milano, San Paolo, 1998), p. 84.

[35] Cf. *Vita consecrata*, n. 37.

[36] Cf. *Gaudim et spes*, n. 14.

algo pelo Senhor e pela humanidade do novo século. Alberione soube interpretar, com uma luz particular proveniente da Eucaristia, as idéias e os sinais novos do seu tempo, com uma lucidez e com um fogo dentro de si que o tornou capaz de afrontar qualquer dificuldade em nome do Evangelho.[37]

Tiago Alberione soube caminhar com Deus e colocou-se de pleno direito em uma rede profética que abriu novas estradas ao Evangelho. Como todo profeta, impulsionou a interrogar-se sobre a verdade, a exercitar a liberdade pagando com a própria vida o preço que custa o sofrimento de ir contra a correnteza.[38]

A fidelidade ao presente torna-se indispensável para abrir as portas a um autêntico futuro.[39] Precisamente sobre esse sulco será necessário assumir os novos processos comunicativos que estão transformando velozmente a vida da humanidade. A vitalidade da profecia, porém, deve ser buscada sobretudo na santidade de vida[40] que nasce de uma *profunda experiência de Deus*. Somente em uma profunda escuta da Palavra de Deus e com o coração aberto às urgências

---

[37] Cf. *Abundantes Divitiae*, nn. 15, 109.

[38] Cf. M. C. Carnicella, *Comunicazione ed evangelizzazione nella Chiesa* (Milano, Paoline, 1998), p. 140.

[39] Cf. R. Fisichella, "Profezia", em *Dizionario di teologia fondamentale* (Assisi, Cittadella Editrice, 1990), p. 878.

[40] Testamento espiritual da Primeira Mestra Tecla, Natal 1961: "Desejo-vos todas santas; por isso ofereci a minha vida por todas, a fim de que cheguemos à santidade à qual somos chamadas".

pastorais[41] de uma história que muda rapidamente seremos capazes de aderir com alegria e com coragem ao desígnio de amor que Deus desdobra em nosso cotidiano sempre novo.

Antecipar as novidades

Comunicar a Beleza de um Deus que por nós amou até o fim, despojando-se totalmente da sua divindade, coloca-nos diante do futuro um grande compromisso de vida. Comunicar o Evangelho hoje não é só fazer algo por meio da comunicação, mas é um calar profeticamente em um mundo globalizado que tem dificuldades para entender o sentido da vida e da história. Um mundo que tem necessidade de uma sabedoria que o ajude "a tomar consciência da própria realidade e do destino último da humanidade: o Reino de Deus".[42] A isso somos solicitados pelas incisivas palavras do Pe. Alberione: "O vosso apostolado visa formar uma mentalidade nova na sociedade; o que significa dar-lhe uma marca, uma orientação nova".[43]

---

[41] Cf. A. Joos, *L'aspetto cristonomico e comunicazionale dei voti della società del postmoderno*, cit., p. 11: "O segundo capítulo das Constituições (FSP), do número 12 ao número 33, desvela o tipo de relacionamento que deve existir entre a Congregação e o mundo em que ela se move: falar eficazmente (nn. 12-19), agir pastoral e apostolicamente (nn. 20-26), colaborar na Congregação e com a Igreja (nn. 27-33).

[42] Cf. R. Radcliffe, cit. Em "Pressenti nei punti di rottura", em *Tesrimoni* (Fevereiro, 2001).

[43] Cf. G. Alberione, *Meditazione e instruzioni FSP* (31 de julho de 1958).

Em obediência ao hoje, assumir a comunicação como modo próprio de seguir e anunciar Jesus e como componente da identidade paulina obriga-nos a um novo e contínuo "discernimento"[44] sobre a nossa presença no mundo para descobrir um pouco de cada vez o rosto novo do carisma paulino em uma época que muda. Será urgente apresentar o nosso ser "homens e mulheres de comunicação" como apóstolos que continuam a missão de Jesus e a aventura de Paulo, capazes de descobrir os caminhos do Evangelho nas diversas épocas e culturas.

---

[44] No que diz respeito ao *valor do discernimento*, sentimos a necessidade de remeter o aprofundamento a uma posterior pesquisa pessoal e comunitária. Ao mesmo tempo, todavia, lembramos aqui somente algumas passagens fundamentais a partir do aprofundamento que o Pe. Fernando Londoño, sj, sugeriu na conferência "Sospinte dallo Spirito" [Impelidas pelo Espírito], proferida no VII Capítulo Geral de 1995 como uma contribuição dos relatores, e também como colaboração dada ao último curso internacional de preparação para a profissão perpétua FSP (2000-2001):
À vida religiosa hoje se está pedindo para o futuro esta particularidade: agudez no discernir. A nova evangelização que a vida religiosa deve levar adiante não é a de um distanciamento de condenação, mas a de uma presença salvífica. Representamos o Deus das infinitas presenças e não podemos representá-lo com a distância e menos ainda com a ausência ou com o medo paralisante. Mesmo que nos sintamos tremendo de medo, como ocorreu com o apóstolo Paulo, devemos apresentar-nos a este mundo (cf. 2Cor 2,2). Compete às Filhas de São Paulo apresentarem-se neste mundo. No futuro será cada vez mais necessário ter a clarividência do amor que discerne. É o coração que discerne, o amor misericordioso de Deus é a raiz mais profunda do discernimento.
O procurar juntas a vontade de Deus em um clima de oração e de escuta, tanto do Espírito quando dos irmãos e das irmãs, é um caminho, um processo, um itinerário que tem etapas importantes: unidade, animação e discernimento. Unidade em torno do carisma, animação para fazer com que as comunidades vivam segundo o Evangelho na fidelidade criativa, seguindo a direção indicada pelo Espírito. Caminhar para o discernimento espiritual para procurar juntas a vontade de Deus sobre si mesmas e sobre toda a comunidade (cf. M. I. Rupnik, *O discernimento.* cit., pp. 91-92).

Na incerteza do futuro

A fidelidade ao carisma[45] não é um "ceder pouco a pouco em face daquilo que nos obriga a diminuir o passo", mas "um sair radicalmente de toda referência óbvia e antecipar a novidade de um mundo (nem melhor, nem pior) no qual já estamos de qualquer forma imersos:

Experimentemos iniciar a imersão nas águas vivas e turbulentas da revolução comunicativa que provocou uma reviravolta nas prioridades da vida [...]. Na cultura da comunicação a obediência aos caminhos do Espírito nos leva a responder a este questionamento: Anteciparemos a inserção no "mundo novo" ou "ficaremos observando" para ver como as coisas andam?[46]

Na incerteza do futuro a seguir, olhemos para a *estrada traçada pelo apóstolo das gentes*. Paulo[47] soube

---

[45] Idem, ibidem, n. 1.1, p. 136: O nosso carisma nos põe no coração da realidade do nosso tempo, nos solicita um empenho constante para tornar-nos idôneas a participar eficazmente da missão profética e evangelizadora da Igreja".

[46] A. Joos, *L'aspetto cristonomico e comunicazionale dei voti nella società del postmoderno*, cit., pp. 10 e 9.

[47] Cf. A. Joos, *Civita di comunicazione* (Relazione alle FSP per Rinnovato slancio apostolico, 1989): "A profecia de Jesus é aquela passagem de superação radical que é indicada como 'plenitude' dos tempos. E os vários profetas denunciaram incansavelmente *a insuficência dos momentos históricos* diante das promessas 'últimas' e radicais do Deus de misericórdia. O próprio são Paulo foi o artífice de uma ruptura intra-hebraica para poder chegar ao anúncio intercultural da mensagem evangélica. E eram situações concretas mesmas as que desvelavam as prioridades 'proféticas' a ter presente. Será assim também com os meios de comunicação tecnológica? Se é verdade que a nossa Igreja teve grande medo da livre comunicação das idéias e das opiniões, por outro lado é também verdade que ela sempre demonstrou e demonstra grande confiança em relação às maravilhosas invenções técnicas (*Inter mirifica*, n. 1)" (p. 82).

recolher e antecipar aquilo que os crentes sentiam, soube dar rosto e nome a uma ânsia até então não conscientizada: ir a todos os povos. O abrir-se a todos em todas as possibilidades de comunicação conduz a comunidade a um verdadeiro dinamismo profético que sabe discernir os novos compromissos e os novos caminhos do Espírito. Abre-nos ao diálogo livre e verdadeiro com todas as culturas, com todas as religiões, com todas as Igrejas, com todas as pessoas. Nessa perspectiva, "tudo aquilo que se conseguiu é superado e o já vivido se torna 'aquilo que deve ficar para trás' para que o ainda não possa encontrar lugar. Olhar para a frente significa arriscar"[48] e além das aparências, a fim de abrir-se à aventura da vida na fé que tudo recebe em dom de Deus, na esperança de um contínuo progresso, no amor que abre caminhos inéditos de comunhão.

Fiel ao carisma do fundador

Comprometo-me a ser fiel ao carisma do fundador, esta fidelidade dinâmica e criativa é para *pessoas corajosas* que sabem abrir estradas novas permanecendo fiéis ao carisma. Um dinamismo que obriga a ir *além*, sempre mais para lá obedecendo ao Espírito.[49]

---

[48] Cf. F. Castronovo, *La figlia di San Paolo e il "mi protendo in avanti"* (Fl 3,12-16). Corso di formazione continua (Ariccia, 1994).

[49] Cf. *Vita consecrata*, n. 73: "A vida consagrada tem a função profética de recordar e servir o desígnio de Deus sobre os homens" e de elaborar novas respostas para os novos problemas do mundo de hoje; n. 84: "A verdadeira profecia nasce de Deus"; n. 85: "No nosso mundo, onde freqüentemente parecem ter se perdido os vestígios de Deus, torna-se urgente um vigoroso testemunho profético por parte das pessoas consagradas".

Isso não elimina a possibilidade de errar. De fato, fidelidade é sinônimo não de perfeição, mas de novidade e de futuro. Neste período da história é urgente continuar procurando novos modos de ser apóstolos para manifestar a Beleza do Rosto de Deus.

Deixar de sonhar, tentar, colaborar, participar, inventar, experimentar, arriscar é como voltar-se para trás sem esperança. O religioso vai além do medo do presente para aceitar com amor e paixão as futuras possibilidades. Deus pode fazer nascer um rebento novo onde tudo parece não prometer mais nada. Todos somos chamados a nos tornar no Espírito, fermento e sal para o mundo. A diminuição dos membros, a redução das forças, a minoria das jovens, o cansaço do caminho não são motivos suficientes para diminuir o passo. O carisma da congregação nos impulsiona todos a encontrar novas modalidades de evangelização na era da comunicação.

Em síntese

1. Entregar-se por amor

Crer no Evangelho

Ser filhos da obediência e do Evangelho significa ser como Jesus os servos do amor que entregam sua vida pela salvação de todos e de tudo. A entrega de si pelo Evangelho é um dom que vem do Espírito que é amor. Quando o Espírito é acolhido com docilidade, a nossa personalidade vai se configurando à de Jesus e à sua obediência ao Pai. No Espírito podemos nos tornar memória de Jesus e de sua comunicação ao mundo.

Uma escuta dinâmica

A obediência evangélica é uma mediação de amor que nos insere no plano de salvação de Jesus, mediador entre o Pai e os seus filhos. Pondo-nos em profunda escuta da Palavra, podemos compreender como viver hoje o projeto do Pai continuando a missão de Jesus na história. Para discernir os caminhos de Deus no mundo da comunicação é necessário empenhar-nos como comunidade na arte da escuta e do discernimento. Para isso é preciso construir relações simples, abertas e sinceras, que ajudem a passar da escuta à convergência comunicativa.

O dom da convergência evangélica

Para realizar uma convergência na missão é necessário um cotidiano exercício de recíproca obediência. Convergir significa dirigir-se para um mesmo ponto partindo de pontos diversos, isto é, da diversidade, para chegar a um resultado completamente novo que nasce da integração da diferença. Somente pessoas que sabem entrar em relação podem chegar, comunicando-se, a uma perspectiva comum. Para convergir, porém, são necessários dois elementos imprescindíveis: o objetivo comum e a liberdade interior, resultado de um intenso caminho espiritual e de uma contínua conversão. A comunidade torna-se convergente quando unida obedece à Palavra de Deus, aos apelos universais da Igreja e aos impulsos culturais do nosso tempo que no Espírito nos ajudam a discernir a vontade do Pai.

A comunicação: caminho para a convergência

A comunicação é um dos caminhos que leva à convergência das forças e à comunhão do coração. Mas implica sempre uma atitude que se abre ao diálogo, à acolhida da diversidade e ao reconhecimento do outro para que emerja a criatividade dinâmica no apostolado. Na comunicação que circula em um autêntico processo de obediência não há lugar para o domínio nem para uma execução infantil, mas se requer um compromisso responsável e criativo.

A autoridade como serviço

Jesus, Senhor e Mestre, é o modelo da autoridade: ele está no meio de nós como aquele que serve. Paulo, que compreendeu bem o método de Jesus, se define o servo de todos. O serviço da autoridade dirige-se sempre para o crescimento da pessoa, para a convergência comunitária, para a missão. As pessoas que desempenham o papel da autoridade têm esta missão: animar, motivar e sustentar o ímpeto espiritual-apostólico da comunidade. No seu papel, como afirmam as Constituições, elas são "sinal de unidade e de serviço, de mediação na busca da vontade de Deus" (n. 124). A autoridade é realmente um serviço que exige esforço e que requer capacidade de amar e de discernir. Comporta, outrossim, um seguimento radical do Mestre, diálogo, colaboração e capacidade de coordenar. É um chamado a abrir horizontes e caminhos novos, a promover a pertença ao carisma, o amor mútuo e o ímpeto apostólico.

2. Obediência como profecia

Sentinela, que resta da noite?

Essa é a pergunta que nos questiona sobre o nosso compromisso de "profetas", de "sentinelas de Deus". Temos o dever de perscrutar os sinais dos tempos; uma profunda intuição do amanhã e uma antecipação dos tempos são aspectos vitais e essenciais da nossa obediência consagrada. São o rosto da nossa profecia que nasce do amor e da busca de interpretar o nosso tempo à luz da Palavra de Deus, em comunhão com as orientações da Igreja. A vitalidade da profecia, porém, deve ser buscada sobretudo na santidade da vida que nasce de uma profunda experiência de Deus.

Antecipar a novidade

Colocar-se diante do futuro, despojando-se totalmente de tudo (na linha da *kénosis*), é um grande compromisso de vida, pois comunicar o Evangelho hoje, além de anunciar a Palavra com os meios de comunicação, é um calar profundamente num mundo globalizado que tem dificuldades para entender o sentido da vida e da história. As palavras de Tiago Alberione são incisivas: "O vosso apostolado visa formar uma mentalidade nova na sociedade; o que significa dar-lhe uma marca, uma orientação nova". Elas nos obrigam a um contínuo discernimento sobre nossa presença no mundo em perene mudança, a fim de sermos "mulheres de comunicação" que percebem e anunciam os caminhos de Deus.

Na incerteza do futuro

O abrir-se a todos em todas as possibilidades de comunicação leva a comunidade a um verdadeiro dinamismo profético que sabe discernir as novas estradas do Espírito. Paulo é o modelo a seguir diante da incerteza do futuro. O apóstolo soube recolher e antecipar aquilo que os crentes sentiam, soube dar rosto e nome a uma ânsia não ainda plenamente conscientizada: o anúncio da fé a todos. Olhar para a frente significa arriscar além das aparências para abrir-se ao dom de Deus, na esperança de um contínuo progresso.

Fiel ao carisma do fundador

O dinamismo de ir sempre além, sempre mais para lá, é uma obediência ao Espírito, e pertence às pessoas corajosas, fiéis ao carisma do fundador. Sabendo que fidelidade não é sinônimo de perfeição mas de novidade e de futuro, é urgente, neste período da história, continuar procurando novos caminhos e modos de ser apóstolos para manifestar a beleza do rosto de Deus. Na perspectiva da obediência *kenótica*, a pessoa consagrada, é chamada a vencer o medo do presente para aceitar com amor e paixão as futuras possibilidades. O Espírito pode fazer nascer novos rebentos e indicar novas modalidades de evangelização na era da comunicação.

Para a reflexão pessoal

✓ Releio o texto com atenção, deixando-me penetrar pelos mesmos sentimentos de Jesus que se fez obediente até a cruz. *Evidencio os pontos principais* que me interpelam a viver a obediência consagrada na dimensão comunitário-apostólica como ela foi apresentada no texto.

✓ Experimento perceber a obediência de Jesus que, cumprindo a vontade do Pai, nos faz entrar no desígnio de salvação, no mistério do amor de Deus? O conselho evangélico da obediência implica: fé no Evangelho, escuta dinâmica da Palavra, busca da convergência evangélica como dom de Deus e esforço de todas, comunicação como caminho para a unidade, autoridade acolhida como serviço. Penso na obediência como profecia que requer um olhar atento aos sinais dos tempos; uma presença do sinal do Reino num mundo globalizado; a busca, na fidelidade ao carisma do fundador, de novas realidades e modalidades de evangelização na era da comunicação?

✓ Procuro avaliar as *motivações* que me impelem a viver Jesus obediente, "servo de todos" para dar a vida. Somente na entrega de mim mesmo por amor posso perceber e acolher o dom da convergência evangélica e caminhar junto para um objetivo comum pelo desenvolvimento da missão. Confronto também as *motivações* que me impedem de reconhecer e de colaborar com o irmão em autoridade? Quais são as minhas dificuldades para desenvolver uma obediência recíproca, de colaboração no apostolado? Poderia ser útil também refletir sobre como escuto os "sinais dos tempos" e interrogar-me sobre a minha obediência como profecia. Pergunto-me: Desde quando "parei no tempo"? (Nas iniciativas, na estudiosidade, na renovação espiritual e cultural). Qual a razão de minha resistência em obedecer às mudanças da história e a fazer o bem hoje, com a linguagem de hoje? Quais os motivos de meus medos?

✓ Concluo com um diálogo com Jesus Mestre.

Espaço criativo

O espaço em branco a seguir é símbolo daquele espaço novo que está se abrindo em nossa vida. Deixe que a sua fantasia se exprima com criatividade. Se quiser, pode usá-lo para a sua reflexão, para as suas novas idéias.

CONCLUSÃO

Nesta mudança de época, na qualidade de religiosos e religiosas somos chamados a redescobrir a beleza e a radicalidade da vida consagrada. Uma beleza que nasce cada vez mais de um *sim corajoso* e renovado ao Evangelho e às exigências comunicativas de nosso tempo.

Um sim à lei da encarnação, um sim à *kenose* de Deus, um sim ao amor, um sim à comunicação e à colaboração.

É certamente um sim diferente, pois nos coloca como a Abraão no caminho *rumo ao desconhecido* e rumo a um total abandono aos desígnios de Deus. Hoje não podemos mais contar com muitas certezas e seguranças que sustentavam o nosso caminhar em direção ao futuro. A cultura da comunicação nos põe numa situação nova e em contínua evolução. Mas com o coração orante podemos agradecer ao Senhor por tudo aquilo que nos foi dado e que vivemos com grande paixão, pelo presente e pelo futuro que o Espírito está abrindo diante de nós.

É este um momento favorável? Sim. É tempo de retornar radicalmente ao Evangelho, é tempo de reavivar e de redescobrir a herança carismática da congregação, é tempo de construir pontes e de nos sentirmos mais próximos uns dos outros em uma comunhão sem fronteiras. É tempo de buscar juntos o novo rosto da nossa vida consagrada num estilo evangélico mais belo, fecundo, dinâmico e atraente. Não estamos sozinhos; conosco está Deus, a congregação, a Igreja e todos os irmãos e irmãs que partilham o dom da vida consagrada.

"Não temais; eu estou convosco, daqui as ilumino, vivei em contínua conversão". Com essas palavras, que nos foram deixadas por Pe. Tiago Alberione, atravessemos com confiança o umbral deste novo mundo que se apresenta no horizonte da história. O novo mundo que é gerado pela comunicação social oferecerá, certamente, novas e impensáveis possibilidades para anunciar Jesus, para acolher a sua Verdade, para trilhar o seu Caminho e para amar a sua Vida. Chegou a hora de "fazer-se ao largo", de *tornar-se sempre mais Jesus para comunicar Jesus* à humanidade do terceiro milênio.

SUMÁRIO

INTRODUÇÃO 5
O conteúdo 5

PARTE I
A vida consagrada na via comunicativa dos conselhos evangélicos

Capítulo 1
A VIDA CONSAGRADA 15
Percurso 15
1.1. O perfume da vida consagrada 16
1.2. A radicalidade evangélica 18
1.3. A beleza da relacionalidade 20
1.4. A paixão pelo Evangelho 22
1.5. Peregrinos da verdade na época
      pós-moderna 24
1.6. Algumas "palavras" para expressar
      a vida consagrada no nosso tempo 27
Em síntese 31
Para a reflexão pessoal 32
Em comunidade 33

Espaço criativo 33

Capítulo 2
NA ERA DA COMUNICAÇÃO 35

Percurso 36

2.1. Na cultura 36

2.2. Da comunicação global 37

2.3. A globalização planetária 40

2.4. A vida consagrada na cultura
da comunicação global 43

2.5. Pessoas consagradas para o Evangelho
na cultura da comunicação global 45

Em síntese 52

Para a reflexão pessoal 55

Em comunidade 56

Espaço criativo 57

Capítulo 3
TORNAR-SE JESUS PARA COMUNICAR JESUS
A via comunicativa dos conselhos evangélicos 59

Percurso 60

3.1. A via paulina da *kénosis* 60

3.2. Uma obediência epifânica 64

3.3. Um amor edificante 67

3.4. Uma pobreza comunicativa 69

3.5. Como Paulo, comunicadores
do Evangelho 70

Em síntese 75

Para a reflexão pessoal 77

Em comunidade 78

Espaço criativo 79

PARTE II
A dimensão comunitário-apostólica
dos conselhos evangélicos

Capítulo 4
UM AMOR CRIATIVO
A dimensão comunitário-apostólica
da castidade 85

Percurso 86

4.1. Um amor transparente 86

4.2. A fonte criativa da comunicação
a serviço do Evangelho 95

Em síntese 105

Para a reflexão pessoal 110

Em comunidade 111

Espaço criativo 112

Capítulo 5
UM SINAL DE ESPERANÇA
A dimensão comunitário-apostólica
do conselho da pobreza 113

Percurso 114

5.1. Pobreza: mistério de aniquilamento 115

5.2. A pobreza abre o processo
comunicativo a tudo e a todos 125

Em síntese 138

Para a reflexão pessoal 143

Em comunidade 144

Espaço criativo 145

Capítulo 6
UMA RESPOSTA OBEDIENTE
A dimensão comunitário-apostólica
da obediência 147

Percurso 148

6.1. Entregar-se por amor 148

6.2. Obediência como profecia 162

Em síntese 169

Para a reflexão pessoal 174

Espaço criativo 175

CONCLUSÃO 177

Cadastre-se no site
www.paulinas.org.br
Para receber informações
sobre nossas novidades
na sua área de interesse:
• Adolescentes e Jovens • Bíblia • Biografias • Catequese
• Ciências da religião • Comunicação • Espiritualidade
• Educação • Ética • Família • História da Igreja e Liturgia
• Mariologia • Mensagens • Psicologia
• Recursos Pedagógicos • Sociologia e Teologia.
Telemarketing 0800 7010081

Impresso na gráfica da
Pia Sociedade Filhas de São Paulo
Via Raposo Tavares, km 19,145
05577-300 - São Paulo, SP - Brasil - 2005